ANWBEXTRA

Stockholm

Petra Juling

De 15 hoogtepunten in een oogopslag

N

0   300   600 m

VASASTADEN

Eriksbergs-
plan

ÖSTERMALM

Engelbrektsgatan

Sturegatan

Valhallavägen

Sveavägen

Linnégatan

Engel-
brektsplan

NORRMALM

Olof Palmes Gata

Kungsgatan

Stureplan

6 Rondom de
Östermalms
saluhall
(blz. 46)

3 Norrmalm -
de City
(blz. 38)

Norrlandsgatan

Birger Jarlsgatan

Vasagatan

Master Samuelsgatan

Sergels
Torg

Hamngatan

Nybro-
plan

Strandvägen

Styrmansgatan

Klarabergsgatan

Blasie-
holmen

Ladugårds-
landsviken

Stadshusbron

Söderleden

Vasabron

Norrbro

Strömbron

Slottskajen

1 Rondom het slot
(blz. 30)

4 Het stadhuis
van Stockholm
(blz. 40)

RIDDAR-
HOLMEN

GAMLA
STAN

2 In de steegjes
van Gamla stan
(blz. 34)

Moderna Museet
(blz. 49) **7**

14 Uitstapje naar
Drottningholm
(blz. 70)

Riddarfjärden

Stadsholmen

Skeppsbron

SKEPPSHOLMEN

Centralbron

Söder Mälarstrand

SÖDERMALM

Hornsgatan

11 Etalages en stadspanorama
in Södermalm
(blz. 61)

Stadsgårdsleden

Söderledstunnel

Götgatan

Folkungagatan

Renstiernas

12 Een avond
in 'SoFo'
(blz. 64)

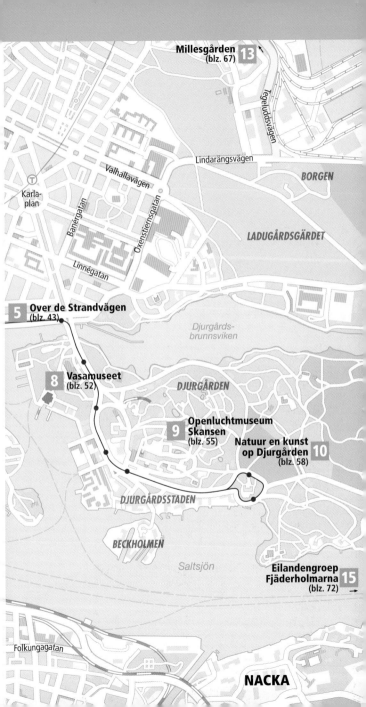

Millesgården 13
(blz. 67)

Tegeluddsvägen

Lindarängsvägen

BORGEN

Valhallavägen

T
Karla-
plan

Banérgatan

Oxenstiernsgatan

LADUGÅRDSGÄRDET

Linnégatan

5 **Over de Strandvägen**
(blz. 43)

*Djurgårds-
brunnsviken*

8 **Vasamuseet**
(blz. 52)

DJURGÅRDEN

Openluchtmuseum
9 **Skansen**
(blz. 55)

Natuur en kunst
op Djurgården 10
(blz. 58)

DJURGÅRDSSTADEN

BECKHOLMEN

Saltsjön

Eilandengroep
Fjäderholmarna 15
(blz. 72) →

Folkungagatan

NACKA

Welkom

De 15 hoogtepunten

Te gast in Stockholm

▶ ▨ ▨ ▨ ▨ ▨ ▨ Deze symbolen verwijzen naar de grote stadsplattegrond

Välkommen – Welkom

De veerboten varen frequent naar het eiland met nieuwe plezier-zoekers uit de stad – niets is mooier dan ontspannen genieten van een zomerdag in Gröna Lunds Tivoli. Het oudste pretpark van Zweden lokt sinds 1883 stedelingen met hun gezinnen de natuur in – Grönan, zo wordt het 'groene plantsoen' kortweg en liefdevol door de inwoners van Stockholm genoemd. Heerlijk ontspannend is het om toe te kijken hoe de nostalgische carrousel zijn rondjes draait – sluit uw ogen en vlieg mee over het water …

Overzicht

De binnenstad van Stockholm is verdeeld over veertien eilanden, die door 57 bruggen met elkaar verbonden zijn. Bij de nadering vanuit het zuiden van de luchthaven Arlanda, 44 km ten noorden van de stad, kunt u de 'stad op het water' optimaal vanuit een vogelperspectief bekijken en veel belangrijke bezienswaardigheden herkennen.

Stadsholmen, Riddarholmen, Helgeandsholmen ▶ E/F 6

De drie eilanden op de drempel tussen het Mälarmeer en de Oostzee, vormen de historische kern van de stad. Op **Stadsholmen** liggen Gamla stan, de middeleeuwse oude binnenstad, en het koninklijk paleis, Kungliga Slottet. Het zuidelijke uiteinde van het eiland wordt gevormd door de sluis, Slussen, tevens de voornaamste doorgang van het noord-zuidverkeer. Op het kleine eiland **Riddarholmen** ten westen van het slot steekt de gietijzeren torenspits van de Riddarholmskyrkan opvallend in de lucht, en ten noorden daarvan wordt het kleine eiland **Helgeandsholmen** voor ongeveer de helft ingenomen door het parlementsgebouw.

Blasieholmen, Skeppsholmen ▶ F/G 5/6

Op het schiereiland **Blasieholmen** tussen Norrström en Nybroviken herbergt de kunsttempel Nationalmuseum belangrijke Europese kunst vanaf de middeleeuwen tot de moderne tijd. Een smalle brug voert naar **Skeppsholmen,** waar de populairste drijvende hotelaccommodatie van de stad voor anker ligt: het uit de vaart genomen zeilschip af Chapman. Met het Moderna Museet, het Arkitekturmuseet en het Östasiatiska Museet is Skeppsholmen niet alleen een groene oase midden in de stad, maar ook een interessante museumlocatie.

Norrmalm, Vasastaden ▶ C-F 2-5

Aan de noordkant van Strömmen gaat Kungsträdgården, de voormalige koninklijke keukentuin, met gazons en openluchtpodia over in de binnenstad. De voetgangerszone en winkelstraat Drottninggatan voert vanaf het slot noordwaarts door **Norrmalm.** Op dit eiland klopt het zakelijke en culturele hart van de moderne grote stad. Centrale pleinen zijn Sergels torg met het glazen gebouw van het culturele centrum Kulturhuset en Hötorget met de markthal, de vijf kantoorflats van Hötorgscity en het blauwe concertgebouw Konserthuset.

Waar de Drottninggatan bij de sterrenwachtheuvel Observatorielunden eindigt, begint **Vasastaden,** kortweg Vasastan, de noordelijke voortzetting van Norrmalm met haar centrum Odenplan. Architectonische mijlpaal uit het begin van de moderne tijd is de boekentoren van de Stadsbiblioteket, waar Sveavägen en Odengatan elkaar kruisen.

Östermalm ▶ F-H 3-5

De wijk ten oosten van de prachtige boulevard Birger Jarlsgatan werd pas eind 19e eeuw aangelegd en etaleert de bij de welgestelde burgerij behorende pracht en praal uit die tijd; bijvoorbeeld op het plein Stureplan of aan de promenade Strandvägen met uitzicht op het groene eiland Djurgården en aanlegplaatsen van de boten naar de scheren. Het sierlijke jugendstilgebouw van het koninklijk theater met veel goud en marmer, Dramaten, de markthal Östermalms saluhall en chique designboetiks in de omliggende straten leveren een bijdrage tot het voorname imago van Östermalm.

Södermalm ▶ B-K 7/8

Ten zuiden van Slussen verheffen zich de hoge steile klippen van Södermalm, een van de grootste eilanden van de stad. Het centrale plein is de dag en nacht drukke Medborgarplatsen met bioscopen, clubs en de markthal Söderhallarna. Daarnaast rijst, als symbool van de moderne bouwkunst in de late 20e eeuw, de 86 m hoge Söder torn op, omgeven door moderne sociale woningbouw. In de wijk ten zuiden van de Folkungagatan heeft de jonge onconventionele scene van SoFo zich gesetteld met bars en winkels. Het zuidelijke uiteinde van het eiland wordt gemarkeerd door de witte Globen. Vanuit de Sky-Viewgondels aan 's werelds grootste bolvormige gebouw heeft u een fantastisch uitzicht.

Kungsholmen, Långholmen ▶ A-E 4-7

Ten westen van Norrmalm met het hoofdstation en het zwarte glazen Waterfrontcomplex spreidt zich **Kungsholmen** uit met aantrekkelijke woonwijken, afgewisseld door parken en plantsoenen. Het stadhuis, Stadshuset, hét herkenningspunt van Stockholm, markeert de oostelijke punt van het eiland. Een mooi uitzicht op de stad biedt behalve de stadhuistoren ook de brug Västerbron, die naar **Långholmen** voert, ooit gevangeniseiland en thans groene oase met zwemlocaties in de nabijheid van de binnenstad.

Djurgården ▶ G-K 5-7

Djurgården wordt door het Djurgårdsbrunnskanalen in een noordelijk en zuidelijk deel opgesplitst. Beroemde musea, zoals het Vasamuseet en Nordiska Museet, jugendstilvilla's zoals die van de schilder-prins Eugen, Waldemarsudde, het openluchtmuseum Skansen en het pretpark Gröna Lunds Tivoli alsmede talrijke uitspanningen hebben, naast veel ongerepte natuur, een plaatsje op Södra Djurgården.

De ontstaansplek van Stockholm: Riddarholmen, daarachter het eiland Stadsholmen met het slot

Kennismaking, Stockholm in cijfers

Tussen water en land

Stockholm is een stad op de grens: op de grens van zoet en zout water, maar ook op de grens van water en land. Selma Lagerlöf noemde het al de 'drijvende stad' en liet Stockholm als een sprookjesvisioen uit de nevel oprijzen. Anderen vergeleken de stad met Venetië, maar in tegenstelling tot de lagunestad is Stockholm niet op moeras en zand, maar op oerdegelijk graniet gebouwd. En op dat graniet komt de stad sinds tienduizend jaar, sinds het verdwijnen van de druk van een ijskap, zelfs elk jaar een beetje hoger te liggen. Tot zover de sprookjesachtige feiten.

Tussen dag en nacht

'Niets klinkt zo lieflijk als de beschrijving van een zomer in Stockholm', schreef Theodor Fontane in 1861 – en daar kan men aan toevoegen dat er ook niets lieflijker ís dan een zomeravond in Stockholm, als de gevels van de huizen worden beschenen door de laagstaande zon en de hitte van de dag plaatsmaakt voor een aangenaam temperatuurtje. Stockholm ligt weliswaar nog ver ten zuiden van de poolcirkel, maar tussen eind juni en begin augustus gaat de zon slechts een paar uur onder – de mooiste tijd van het jaar, niet alleen voor nachtbrakers. Van mei tot eind september is het op deze breedte zelfs langer licht dan in Midden-Europa!

Winterreis naar het noorden

Maar ook 's winters is het in Stockholm uitstekend toeven – een unieke sfeer, wanneer er in de stad, vanaf drie uur na zonsondergang, duizenden lichtjes branden en het in de straten een drukte van belang is, vooral in de adventstijd. Dan overtreffen de winkels elkaar met kerstartikelen en bieden de markthallen diverse heerlijkheden voor fijnproevers aan – de stad is dan ook in elk jaargetijde een geweldige plek om te winkelen. En als het flink heeft gesneeuwd en de temperaturen fiks onder het nulpunt zijn gedaald, is het tijd voor een wandeling in de winterzon over het ijs van het dichtgevroren meer, of zelfs voor een schaatstocht, of een uitstapje naar de skiheuvel in het zuiden van de stad, Hammarbybacken.

Ongedwongen atmosfeer zonder stress

Zweden tutoyeren elkaar bijna altijd, dwars door alle leeftijdsverschillen en maatschappelijke ongelijkheden heen. Het kan voor buitenlanders dan soms ook wel verwarrend zijn wanneer ze door volslagen onbekende Zweden met 'jij' worden aangesproken. Dat heeft echter niets te maken met het ka-

Rondom de stadskern, **Stockholm inom tullarna,** d.w.z. begrensd door de vroegere tolposten Norrtull en Roslagstull in het noorden, Skanstull in het zuiden, en Hornstull en Tranebergsbron in het westen, groeit de stad Stockholm met zijn achttien stadsdelen gestaag. De voorsteden aan de andere kant van deze magische grens worden grofweg naar hemelsrichting onderverdeeld in **Norrort, Västerort** en **Söderort.** Verder is Stockholm de hoofdstad van de 26 gemeenten omvattende provincie **Stockholms län.**

Nostalgisch jazzconzert op een boot – Stockholmers vieren graag feest in de buitenlucht

rakter, bijzondere sympathiegevoelens of vriendelijke schouderklopjes. Dit is voor hen eenvoudig de gebruikelijke vorm van beleefdheid.

à propos beleefdheid: Nogal ongebruikelijk voor de meeste buitenlandse gasten uit West-Europa is de kalmte, die zelfs in de (door Zweden als hectisch ervaren) grote stad heerst. Iedereen houdt rekening met elkaar en wacht keurig op zijn of haar beurt. Ellebogenmentaliteit is uit den boze: bij de bushalte of voor de rondvaartboot staan de Zweden keurig in de rij, niemand dringt voor of verheft zijn stem. Een goed voorbeeld is het trekken van nummertjes. Waar u ook komt, bij het loket op het station of aan de balie van het Turistbyrå, overal moet u om te beginnen een nummertje trekken. Pas als uw nummer op het display verschijnt, bent u aan de beurt.

Toerisme en conjunctuur

Bij liefhebbers van stedentrips uit het buitenland is Stockholm de afgelopen jaren sterk in populariteit gestegen – als congresstad neemt het ook al wereldwijd een belangrijke plaats in. Ook gaan steeds meer mensen inzien dat de Zweedse hoofdstad helemaal niet zo duur is en dat het in het noorden lang niet altijd koud is, zoals oude vooroordelen pretenderen. In tegendeel: Stockholm is door de talrijke aanbiedingen juist in de zomer heel betaalbaar. U kunt hier goedkoper winkelen, overnachten en uitgaan dan in vele andere grote steden. Wie gebruikmaakt van vakantie- en weekendkortingen van de hotels, 's middags een goedkope lunch tot zich neemt en 's avonds geen sterke drank consumeert, kan in Stockholm voor weinig geld vakantie vieren. Bovendien is het gastronomische aanbod enorm. Veel gelegenheden trachten met bescheiden prijzen en *happy hours* klanten te lokken, wat de toerist natuurlijk heel goed uitkomt.

Natuur en cultuur

In welke wereldstad kunt u nog vlak bij het drukke centrum op een gepolijste rots gaan liggen zonnen, de door het vele wandelen vermoeide voeten in het water laten afkoelen en zelfs een duik nemen? Of naar vissers kijken die misschien net een zalm of een zeeforel uit het water halen; daarvan worden er jaarlijks duizenden voor het Kungliga Slottet gevangen.

Ruim een derde van het oppervlak van Stockholm is water; in de directe omgeving van de stad liggen 24.000 scheren (eilandjes) en dat zich in de stad 40.000 pleziervaartuigjes bevinden, is dan ook niet meer dan logisch. Van het landoppervlak is 40% park of natuurgebied, en sinds 1995 ligt binnen de stadsgrenzen van Stockholm het eerste stedelijke nationale park ter wereld, Ekoparken. Daar kan de natuur zich tussen de vele mensen ongestoord ontwikkelen. In het gebied staan eeuwenoude eiken, er fladderen vleermuizen door de nacht en uilen nestelen zich in de boomholtes.

In 1998 was Stockholm de culturele hoofdstad van Europa. Vrijwel geen enkele grote Europese stad telt zo veel theaters en bioscopen als de Zweedse hoofdstad, en de meer dan zeventig musea en ruim veertig bibliotheken zorgen voor een rijk geschakeerd aanbod. Samen vormen ze een culturele metropool waar muziek, kunst, design, architectuur en mode voortdurend in beweging zijn. Tot de evenementen behoren

jazzfestivals en concerten, uitvoeringen in theaters en internationaal aansprekende ballet- en operavoorstellingen. Kortom: alleen het beste is hier goed genoeg.

Een hoofdstad met een hoog recreatiegehalte – peddelen voor het prachtige decor aan de Strandvägen

Architectuur van de macht ...

Stockholm is de grootste stad en het gebied rond het meer Mälaren is de dichtstbevolkte streek van Zweden. Stockholm is al ruim 350 jaar lang het politieke centrum van het land, en dat verleden heeft zijn sporen nagelaten: u vindt er de stenen getuigen van de 17e-eeuwse grootmacht en van de pompeuze bouwstijl van het begin van de 20e eeuw. Hier staan het grootste nog in gebruik zijnde koninklijke paleis ter wereld, het barokke Riddarhuset en het van het einde van de 19e eeuw daterende parlementsgebouw, met daar pal tegenover het jugendstil-Rosenbadpaleis, waar de minister-president (*statsminister*) zetelt.

... en voor een nieuwe samenleving

De mooiste en opvallendste gebouwen in Stockholm dateren echter uit de tijd waarin Zweden het modelland werd, dat later het 'Zweedse model' werd genoemd In de periode tussen de jaren twintig en veertig brak de architec-

tuur van het modern classicisme (*funkis*) door en zorgde voor veel op sobere wijze fraaie woonblokken, bijvoorbeeld in Gärdet en Kungsholmen. In diezelfde geest kwamen de stadsbibliotheek van Gunnar Asplund, het concertgebouw van Ivar Tengbom en het stadhuis van Ragnar Östberg tot stand.

Economisch hart

Stockholm of 'the Capital of Scandinavia', zoals het zichzelf graag noemt, is het economische hart van Zweden en de beurs van de stad is het onbetwiste financiële centrum van Noord-Europa. Bijna een kwart van alle Zweedse bedrijven is in deze regio gevestigd. De meeste werknemes zijn in dienst van banken en verzekerings-maatschappijen, daarna volgen de handel, communicatie (IT) en de gezondheidszorg. Hier wordt beter verdiend dan in de rest van het land, de meeste Stockholmers zijn goed opgeleid. Ze komen van overal, uit Norrland, Småland, Skåne, Finland, Iran en Irak ... Bovendien spelen de universiteiten in Stockholm een leidende rol op het gebied van de biotechnologie, farmacie, machinebouw en IT. Vrijwel nergens in Europa is de dichtheid van computers en mobiele telefoons hoger dan hier, hebben zo veel mensen toegang tot internet. In de stad verschijnen zes dagbladen, waarvan er twee gratis zijn en de meeste uitgeverijen zijn er gevestigd, kortom: Stockholm is ook op het gebied van de media de hoofdstad van het land.

Grote sociale verschillen

Maar ook al heersen er binnen de Zweedse samenleving over het algemeen minder grote verschillen tussen arm en rijk dan elders in Europa, er is juist in Stockholm sprake van een dermate grote polarisatie, dat politici van segregatie spreken. Iedere tweede inwoner van westelijke voorsteden als Rinkeby of Tensta verdient gemiddeld slechts 50% van datgene, wat een doorsnee inwoner van Östermalm mee naar huis neemt. In de voorsteden, waar zich nauwelijks een toerist laat zien, is iedere tweede bewoner werkloos en hebben bijna 40% van de mensen een migratieverleden en zijn slecht opgeleid. Wie hier woont, probeert zo snel mogelijk te verhuizen. De fluctuatie is aanzienlijk, terwijl niemand vrijwillig vanuit het stadscentrum hier naartoe trekt.

Een derde van de bewoners van de binnenstad heeft een inkomen van omgerekend meer dan € 36.000. Aangezien de inkomens in de binnenstad hoger liggen, maar huur en prijzen voor koopwoningen eveneens almaar stijgen, reizen dagelijks tienduizenden als pendelaars de stad in en uit.

Een jonge stad

Toch is wonen in Stockholm niet zo duur als in vele andere grote steden. Wat de hoogte van de huren betreft staat de Zweedse hoofdstad in Noord-Europa na Oslo en Helsinki op de derde plaats. Maar woonruimte is schaars en wordt steeds schaarser. Want de bevolking van Stockholm is de afgelopen jaren sterk gestegen en volgens de prognoses houdt die trend aan. Gemiddeld worden de Stockholmers steeds jonger. Gezinnen met kinderen maken een groot deel van de bevolking uit. Zelfs in het voormalige singlebolwerk in de wijk Södermalm worden steeds meer speelplaatsen aangelegd, en het aandeel van de alleenstaandenhuishoudens lag in 2009 al onder de 30%.

De voormalige bohémewijk 'Söder' wordt langzamerhand, maar gestaag door een welgestelde middenklasse 'veroverd'. Veel gezinnen trekken naar de voorsteden, waar in de vroegere industrie- en havengebieden milieuvriendelijke en miljoenen verslindende woningbouwprojecten werden gerealiseerd, futuristisch ogende glas- en betonarchitectuur, die aantrekkelijke woonruimte met uitzicht op het water biedt, bijvoorbeeld in Nacka Strand of Hammarby Sjöstad.

Feiten en cijfers

Ligging: 59° 19' NB, 18° 4' OL, op de Midden-Zweedse laagvlakte waar het water van het Mälarmeer in de Oostzee stroomt.

Stad en stadsbestuur: Kommunstyrelsen, de gemeenteraad van Stockholm met 101 leden, vergadert in het Stadshuset en wordt tegelijk met het nationale parlement elke vier jaar opnieuw gekozen – de volgende keer in 2014.

Oppervlakte: de kommun ofwel stad (gemeente) Stockholm 188 km², de län (provincie) Stockholm 6490 km². De gemeente heeft achttien stadsdelen (*stadsdelsområden*). De län Stockholm omvat nog eens 25 gemeentes binnen de agglomeratie en reikt tot Sigtuna in het noorden en Nynäshamn in het zuiden, incl. ca. 24.000 scheren (rotsachtige eilandjes).

Bevolking: ca. 830.000 (Stockholm stad) en ca. 1,9 miljoen. (Stockholms län); het inwonertal stijgt gestaag. Bevolkingsdichtheid 4309/km². Het percentage buitenlanders in de voorsteden bedraagt zo'n 40%, in de binnenstad ca. 17% (gemiddeld 28%).

Tijdzone: MET, MEZT.

Valuta: Zweedse kroon, SEK (wisselkoers zie blz. 22).

Een stad met levenskwaliteit

Halverwege de jaren zeventig van de 20e eeuw kampte Stockholm, net als veel andere grote steden, met ernstige luchtvervuiling en een snel groeiend verkeersaanbod, zoals de lezers van de commissaris-Beck-detectiveromans van het schrijversduo Sjöwall en Wahlöö weten. Tegenwoordig wonen juist gezinnen met kinderen graag in de stad, bijvoorbeeld op Kungsholmen. Want Stockholm is een stad met veel levenskwaliteit geworden, weliswaar mede dankzij de natuur, maar wat de inwoners van de stad ertoe hebben bijgedragen, was niet vanzelfsprekend: schone lucht, helder water, voetganger- en kinderwagenvriendelijke straten en voorbeeldige fietspaden. Want wat een intacte natuur in een grote stad waard is, weet hier iedereen. En de inwoners van Stockholm zijn bereid om veel te doen voor de instandhouding daarvan. Sinds de stad in 2007 een tolheffing voor autoverkeer naar de binnenstad heeft ingevoerd, maken steeds meer Stockholmers gebruik van de fiets, gemiddeld 150.000 per dag. Om files op de fietspaden te verminderen, staan verbeteringen van het fietspadennet helemaal bovenaan op de agenda. Dat loont, want sinds 1990 is de CO_2-uitstoot per inwoner met 25% verminderd. Ook daarom werd Stockholm in 2010 door de EU-commissie tot eerste 'milieuvriendelijkste stad van Europa' uitgeroepen.

Wapen en herkenningspunt

Hij siert de ramen van de bushokjes en de putdeksels van Stockholm: de heilige met kroon, sinds 1376 zegel van de stad, is Sint-Erik en de koninklijke beschermheer van de stad, naast zijn functie als nationale heilige van Zweden. De historische feiten: in 1150 werd hij als Erik Jevardsson op de Stenen van Mora tot koning Erik IX

Het stadswapen van Stockholm

gekroond. De telg van een oude adellijke familie uit Västergötland deed van zich spreken als heerser, wetgever en vertegenwoordiger van de christelijke zaak. In 1155 ondernam hij een kruistocht tegen de heidense Finnen en hij had überhaupt de expansie van zijn rijk in oostelijke richting met de zegen van de kerk hoog in het vaandel. Tijdens een veldslag kreeg hij een visioen van een kruis – zo is naar verluidt de huidige Zweedse vlag ontstaan. In 1160 werd Erik onthoofd door een Deense prins op het slagveld en hij werd voortaan in Zweden als beschermheilige vereerd. Zijn bijstand betrof vooral de opbloeiende handelsstad Stockholm aan het Mälarmeer.

Het voornaamste herkenningspunt van Stockholm is het stadhuis, Stadshuset. De torenspits hiervan is versierd met drie gouden kronen, symbool van Stockholm en bovendien van het gehele Zweedse rijk. Tre Kronor, drie kronen, staan voor de drie rijken die koning Magnus Eriksson in de 14e eeuw verenigde: Zweden, Noorwegen en Skåne (het lang bij Denemarken horende zuiden van Zweden).

Een middeleeuwse stad

De 'officiële' geschiedenis van Stockholm begon in 1252, toen koning Birger Jarl voor het eerst in oorkonden gewag maakte van de naam van de stad. Stockholm leek op andere steden in het Oostzeegebied, ook al behoorde de stad niet tot de Hanze: een stadsmuur omgaf de koopmansnederzetting en het dominicanenklooster, beschermd door een burcht, Tre Kronor genaamd. De koninklijke bescherming hield aan en maakte de stad groot: in 1336 werd koning Magnus Eriksson in de Storkyrka gekroond en schonk het dominicanenklooster land op Stadsholmen. Het klooster bezat een altaarstuk waar een mirakel was gebeurd. Stockholm werd een bedevaartsoord en had weldra meer dan 5000 inwoners.

Verzet tegen de Denen

In 1397 verenigde de Unie van Kalmar Noorwegen, Zweden en Denemarken binnen een personele unie onder de Deense koningin Margrethe. Onder haar opvolgers was het echter voorbij met de harmonie. Medio 15e eeuw brak er onder boeren uit Midden-Zweden, vaak tegelijk eigenaars van mijnen, onder aanvoering van Engelbrekt Engelbrektsson, een opstand uit, die de Deense heersers in de verdrukking bracht. In 1471 werd Stockholm belegerd door de Deense koning Christiaan I, maar die werd op de Brunkeberg verslagen. Alvorens de vreemde overheersing tot een einde kwam, kreeg de stad Deense terreur te verduren: In 1520 richtte koning Christiaan II het 'bloedbad van Stockholm' aan. Ter gelegenheid van zijn kroning in Stockholm tot koning van Zweden liet hij 82 Zweedse edelen op Stortorget executeren.

Vasa-macht en -pracht

In 1523 koos de Zweedse Rijksdag Gustav Eriksson Vasa tot koning. Hij was aan het bloedbad ontkomen, had het verzet georganiseerd en de Deense tiran verdreven, en met hem de katholieke bisschoppen. De opstand had veel geld gekost en de reformatie en het in beslag nemen van de kloosterbezittingen kwam Gustav Vasa goed van pas voor de sanering van zijn jonge staat. In 1541 verscheen de Vasabijbel in het Zweeds, vertaald door de Luther-leerling Olaus Petri. In Stockholm werd een prachtig Vasaslot opgetrokken in renaissancestijl naar Hollands voorbeeld. Een decreet van 1552 bepaalde dat alle afgebrande houten huizen alleen door stenen huizen mochten worden vervangen, om

Stichter van de dynastie: Gustav Eriksson Vasa

de stadsbranden te voorkomen. Nadat Gustav II Adolf, de 'Leeuw van het noorden', zich in de Dertigjarige Oorlog aan protestantse kant had geschaard, werd Stockholm een grootmacht in het Oostzeegebied en op de werven heerste topdrukte. In 1628 liep hier het oorlogsschip Vasa van stapel en zonk korte tijd daarna. Het werd in 1961 geborgen en is in het Vasamuseet te bewonderen.

Gustaviaanse bloei

In 1652, na het einde van de Dertigjarige Oorlog, werd Stockholm de onbetwiste hoofdstad van het Zweedse koninkrijk en het inwonertal groeide snel tot ca. 30.000, wat tot een bouwexplosie leidde. In 1697 legde een grote brand slot Tre Kronor in de as. De nieuwbouw, het huidige slot, kwam in 1754 gereed. De kunsten beleefden een bloeiperiode: in 1773 werd de koninklijke Zweedse opera opgericht, gevolgd door theaters en andere instellingen. Koning Gustav III bezweek in 1792 aan de gevolgen van een aanslag op een gemaskeerd bal.

Arm en rijk

Medio 19e eeuw deed de moderne tijd zijn intrede: Norrmalm kreeg als eerste stadswijk gasverlichting en een eerste spoorwegtraject liep naar Södermalm. De industrialisatie nam een vlucht. Er verrezen talrijke fabrieken en armoedige arbeidersbehuizingen, maar ook statige herenhuizen en zakenpanden in Östermalm, terwijl in Södermalm hongerstakingen een stempel drukten op de periode van de Eerste Wereldoorlog. De economische crisis van 1929 kostte mensenlevens, onder wie de luciferfabrikant Ivar Kreuger, die in 1932 in Parijs zelfmoord pleegde.

Het 'Zweedse model'

Vanaf de jaren dertig kwam het Zweedse model van de welvaartsstaat ('Folkhem') tot stand. Sociale woningbouw in nieuwe stadswijken, zoals Gärdet en het gebied rondom het zuidstation midden in Södermalm (Södra stationsområde), moest goede huisvesting voor iedereen betaalbaar maken. Minder geslaagd geldt vandaag de dag de medio 20e eeuw op de toekomst gerichte sanering van de binnenstad: een modern grotestadscentrum uit één stuk gegoten, de 'City', verrees in Norrmalm, een koel zakencentrum met kaarsrechte brede straten. Het toneel voor een moord: in 1986 werd premier Olof Palme op de openbare weg doodgeschoten. De dader is nog altijd niet bekend. De algemene ontzetting in Zweden en daarbuiten herhaalde zich in 2003, toen de minister van buitenlandse zaken Anna Lindh tijdens het winkelen in de stad na een aanslag met een mes het leven liet.

Een milieubewuste stad

De ingrijpende herprofilering van het gebied rondom het station Centralen begon in 2010 met het congrescentrum Waterfront inclusief grote hotels en winkelpromenade tegenover het stadhuis. Woningtekort blijft echter het grootste probleem van Stockholm. Volgens de plaatselijke politici is wonen in de binnenstad beter dan ongestructureerd bebouwen van het ommeland. Tot 2030 zijn daarom in het noorden en zuiden van de stad twee nieuwe wijken gepland: Norra Djurgårdsstaden aan de haven Värtahamnen en Söderstaden ten zuiden van Globen. Nadat de belasting door auto's dankzij tolheffing en hoge parkeertarieven werd verminderd, vordert de milieuvriendelijke uitbreiding van het openbaarvervoernetwerk: in 2013 moet er een tram rijden van het noorden door het centrum naar Djurgården. Ondergronds krijgt het project Citybanan gestalte, dat wil zeggen een spoortracé en nieuwe haltes in het regionale spoorwegvervoer.

Reizen naar Stockholm

Met het vliegtuig

Vanuit zowel Amsterdam als Brussel gaan dagelijks vluchten naar de luchthaven **Stockholm Arlanda**, die 44 km ten noorden van de Zweedse hoofdstad ligt. Vanuit Amsterdam vliegen de Scandinavische luchtvaartmaatschappij SAS (www.flysas.com) en de KLM, (www.klm.nl) op Arlanda, maar ook prijsvechters AirBerlin (www.airberlin.com), bmi en Sterling.dk. Vanuit Brussel onderhouden SAS, bmi en Sterling.dk deze verbinding. Brussels Airlines vliegt op **Bromma**, een andere luchthaven bij Stockholm, en vanaf Eindhoven en Düsseldorf-Weeze vliegt Ryanair (www.ryanair.com) op **Skavsta**, de derde luchthaven van de stad.

Transfer naar het centrum: vanaf alle luchthavens per bus, van Arlanda ook per trein (bij onlineboeking SEK 460 heen en terug; www.arlandaexpress.com). Het kaartje voor de luchthavenbus boekt u het goedkoopst online (SEK 189 heen en terug; www.flygbussarna.se) of haalt u ter plaatse uit een automaat. Het is niet mogelijk om contant bij de chauffeur te betalen

Met de trein

Er is geen rechtstreekse treinverbinding tussen Nederland en Stockholm. De snelste manier om met de trein naar Zweden te reizen is eerst naar Hamburg te gaan en daar over te stappen op de snelle trein die via Kopenhagen, de Öresundbrug (die Denemarken en Zweden verbindt) en Malmö naar Stockholm rijdt. Van Utrecht naar Hamburg doet de trein er ongeveer vijf uur over (overstap in Osnabrück), van Hamburg naar Stockhom duurt daarna nog eens negen uur. Meer informatie is verkrijgbaar via www.nshispeed.nl.

Vanuit Brussel duurt de rit naar Stockholm via Keulen, Hamburg en Kopenhagen minimaal 20 uur (minstens twee maal overstappen; info via www.nmbs.be).

Bij de Zweedse spoorwegen kunt u online boeken (www.sj.se; creditcardnummer opgeven, kaartje afdrukken). Lage prijzen bij vroegtijdig boeken; bijvoorbeeld een enkele rit Malmö-Stockholm kost twee maanden van te voren geboekt SEK 310.

Met de bus

De bussen van de internationale busmaatschappij Eurolines rijden van Rotterdam via Den Haag, Amsterdam en Groningen naar Stockholm. De hele tocht duurt iets minder dan een etmaal. Ook vanuit België rijden bussen van Eurolines naar Stockholm. Opstapplaatsen zijn Brussel en Luik. Voor nadere informatie gaat u naar www.eurolines.nl of www.eurolines.be.

Met de boot/auto

De snelste route met de auto van de Benelux naar Stockholm is via Bremen, Hamburg en Kopenhagen, via de brug over de Sont naar Malmö, en daarvandaan noordwaarts naar Stockholm. Er zijn daarnaast talloze veerboten vanuit Denemarken, Duitsland en Polen naar allerlei bestemmingen in Zuid-Zweden of naar Stockholm zelf. In Zweden dient u ook overdag met dimlicht te rijden, en van december tot maart zijn sneeuwbanden verplicht.

Douane

Identiteitspapieren: voor een verblijf tot drie maanden hebben burgers uit EU-landen een geldig paspoort of identiteitsbewijs nodig.

Invoerbeperkingen: maxima voor het invoeren van belastingvrije artikelen zijn gelijk aan maxima die voor de gehele EU gelden. Mensen uit landen van buiten de EU mogen minder invoeren.

Reizen in Stockholm

Per spoor

Het metronet van Stockholm (*tunnelbana*) loopt tot de voorsteden. De ingangen zijn te herkennen aan een blauwe 'T' op een witte ondergrond. Er zijn ook trams, zoals de *tvärbana* (Alvik-Hammarby sjöstad). Treinen naar de voorsteden (*lokaltåg*, *pendeltåg*, herkenbaar aan een 'J') verbinden het centrum met o.a. Saltsjöbaden, Nynäshamn, Märsta en Södertälje.

Stadsbussen

Een dicht busnet ontsluit de binnenstad. Naast de rode zijn er vier blauwe snelbuslijnen (elke 5-10 min.). Informatie over het stadsvervoer (o.a. kaart van het lijnennet): www.sl.se.

Zones: het lijnennet is in zones opgedeeld, de ritprijs is afhankelijk van het aantal zones; het kaartje voor 1 zone is 1 uur geldig.

Vervoersbewijzen: voor houders van de Stockholmskortet is het gebruik van bus en spoor gratis. Daarnaast zijn er goedkope kaarten met een geldigheidsduur van 24 uur (SEK 100), 72 uur (SEK 200) of 7 dagen (SEK 260) voor alle verkeersmiddelen van de SL, Storstockholms Lokaltrafik: bus, *tunnelbana, pendeltåg,* tram, veerboot. Deze 'Turistkort' zijn verkrijgbaar in Pressbyrån en in de SL-Center Centralen, Slussen of Fridhemsplan). Een enkeltje moet bij een van de auto-

De circa 1000 blauw-witte **Stockholm City Bikes**, die op 80 locaties in de binnenstad klaarstaan, zijn huurfietsen, waarmee u de stad op actieve wijze kunt verkennen. Ze kunnen na aanmelding en vooruitbetaling met een sleutelkaart *(cykelkort)* worden ontgrendeld en gebruikt, maximaal drie uur lang; daarna kunt u een andere fiets nemen. De kaart is een heel seizoen geldig en is verkrijgbaar bij het SL-Center of bij het Stockholm Tourist Centre (SEK 250 per seizoen; online via www. citybikes.se kunt u de kaart voor SEK 200 verkrijgen).

maten worden gekocht. Accesskortet (magneetstripkaart met leesapparaten in bussen en trams/treinen) zijn voordelig wanneer u vaker reist. Reizigers onder de 20 en boven de 65 jaar krijgen korting.

Veerboten

Djurgårdsfärjan vaart overdag tussen Gröna Lund/Skansen, Skeppsholmen en Slussen (elke 20 min., 's zomers vaker). Boten naar de scheren vertrekken vanaf Strömkajen (voor het Grand Hôtel) en Nybrokajen (Strandvägen).

Taxi's

Taxi's zijn niet overdreven duur. De prijzen van standaardritten (zoals van het centrum naar luchthaven Arlanda, 50 km, vanaf ca. SEK 495), staan op de taxi. Een paar suggesties: Taxi Stockholm, tel. 08 15 00 00; Taxi Kurir, tel. 08 30 00 00; Taxi 020, tel. 020 20 20 20; Transfer Taxi, tel. 020 35 00 00.

Huurauto's

Voor een uitstapje in de omgeving van Stockholm kan een auto goed van pas komen, maar in de stad zelf is hij vooral

Wie een intensief bezichtigingspro-
gramma wil afwerken, kan het beste
de **Stockholmskortet** aanschaffen.
Hiermee reist u onbeperkt met de
bus, trein *(pendeltåg)* en *tunnelbana*
en hebt u toegang tot vrijwel alle
musea van de stad (circa 80). Gelet
op deze mogelijkheden is de prijs
(volwassenen SEK 395 per dag, SEK
525 voor twee dagen, SEK 625 voor
drie dagen, SEK 895 voor vijf dagen;
kinderen 7-17 jaar SEK 195/225/245/
285) alleszins redelijk. Wie het dan
nog voor elkaar krijgt om de
sightseeingboottocht (mei-dec.) te
maken, heeft een heel goede deal
gemaakt. Bovendien biedt de kaart
kortingen bij boottochten naar Slot
Drottningholm. De Stockholmskortet is onder andere verkrijgbaar
bij het Stockholm Tourist Centre.

tot last: parkeren is duur en parkeer-
plaatsen zijn schaars. In de Zweedse
zomervakantie zijn er allerlei aanbiedingen voor het huren van een auto.
De grote firma's hebben vestigingen
op de luchthavens. De tol voor de binnenstad van Stockholm *(trängselskatt)*
geldt ook voor huurauto's met een
Zweeds kenteken (ma.-vr. 6.30-18.29
uur). Voor het gebruik van de autosnel-
weg E4/E20 (Essingeleden) hoeft geen
tol te worden betaald.

Rondritten door de stad

Het bedrijf Citysightseeing biedt verschillende rondritten met de bus aan,
maar ook gecombineerde bus-boot-
tochten van variabele tijdsduur (vanaf
Gustav Adolfs torg, www.citysightsee
ing.com). De open dubbeldekker van
Open Top Tours volgt een vaste route, en
de passagiers kunnen onderweg uit- en
weer instappen zoveel ze maar willen
(hele jaar behalve januari, www.open
toptours.com). Ook een rondvaart door

Stockholm is beslist de moeite waard
(vanaf Stadshusbron of de Strömkajen,
www.stockholmsightseeing.com).

Stadswandelingen

In de zomer worden er onder andere begeleide stadswandelingen met
Engelssprekende gidsen door Gamla
stan georganiseerd. Meer informatie
over deze en andere mogelijkheden
vindt u in het tijdschrift 'What's On'.
Bij het Stockholm Tourist Centre kunt
u een rondleiding met een gekwalifi-
ceerde gids boeken. Begeleide fiets-
tochten o.a. bij www.stockholmad ven-
tures.se.

Feestdagen

1 jan.: Nieuwjaar *(nyårsdagen)*
6 jan.: Drie Koningen *(trettondagen)*
Pasen: Goede Vrijdag *(långfredagen)* en
paasmaandag *(påsk)*
1 mei
Hemelvaart *(Kristi himmelsfärdsdag)*
6 juni: nationale feestdag
Midzomer: lang weekend in de periode
tussen 20 en 26 juni, van vrijdagmiddag *(midsommarafton)* tot zaterdag
(midsommardagen)
Allerheiligen: een zaterdag eind okt./
begin nov. *(allhelgonadagen)*,
25-26 dec.: Kerstmis *(jul)*
31 dec.: Oudjaar *(nyårsafton)*

Feesten en festivals

Vikingarännet: midden feb., www.vikin
garannet.com. Langeafstandsschaats-
tocht (80 km) van Uppsala naar
Stockholm via de oude routes uit de
Vikingtijd, die dikwijls over dichtgevroren meren voeren. Eenieder op de
schaats kan meedoen.
Vårsalongen på Liljevalchs: midden mrt., voorjaarssalon in Liljevalchs
Konsthall. Werken van bekende en
minder bekende in Zweden levende

kunstenaars worden na uitverkiezing door een jury aan het publiek voorgesteld.

Valborg: 30 apr. De Walburgisnacht wordt in Stockholm gevierd met zang en vuren aan het water, bijzonder fraai in het openluchtmuseum Skansen.

Stockholm-Marathon: op een dag eind mei/begin juni, www.marathon.se. Meer dan 10.000 lopers uit alle delen van de wereld draaien hun ronden door de stad; start om 14 uur in Östermalm; doel is het oude olympisch stadion.

Skärgårdsmässan: eind mei, Vasahamnen, Galärvarvet, www.skargardsmassan.se. Drie dagen lang boten- en vrijetijdsbeurs; regatta en markt met verkoop van producten van de scheren.

Smaka på Stockholm: eind mei/begin juni, www.smakapastockholm.se. Tien dagen lang bieden Stockholmse restaurantkoks tussen Kungsträdgården en Strömmen voorproefjes van hun vaardigheden, o.a. met 'kooktheater'.

Nationaldagen: 6 juni. Op de nationale feestdag bezoekt de koning Skansen, dag van de open deur in het koninklijke slot en overal wapperen vlaggen. Vooral bij mooi weer voor iedereen een goede reden om buiten te feesten.

Midzomerfeest: vanaf vrijdagmiddag in het weekend na de zomerzonnewende (20 of 21 juni), groot feest in Skansen, maar ook op veel plaatsen op de scheren.

Jazzfestival: midden juli, www.stockholmjazz.com. Acht dagen op diverse locaties, van het openluchttheater op Skeppsholmen tot in het Konserthuset, jazz van alle stijlen.

Stockholm Pride: eind juli/begin aug., www.stockholmpride.org. Vijfdaags homo- en lesbiennefeest, met een gevarieerd programma. Hoogtepunt: de parade door de binnenstad met ca. 15.000 deelnemers (en tienmaal zo veel toeschouwers …).

Midnattsloppet: midden aug., www.midnattsloppet.com. De 10 km lange middernachtsloop voert over het eiland Södermalm, met samba. Start: sportterrein Zinkensdamm om 22 uur.

Kulturfestival: midden aug., www.kulturfestivalen.stockholm.se. Zes dagen lang cultuur: theater, kunst, muziek – alle optredens zijn gratis, vele in de openlucht.

Tjejmilen: eind aug./begin sept., www.tjejmilen.se. Ieder jaar nemen ongeveer 25.000 vrouwen deel aan de 1 Zweedse mijl (10 km) lange loop rondom Djurgården.

Musik på Slottet: aug./sept., www.royalfestivals.se. Klassieke concerten in een koninklijke ambiance, bijv. in de barokke slotkerk.

Segelbåtens dag: in sept. Wedstrijdzeilen in de wateren rondom Stockholm; een prima gelegenheid om fraaie zeilboten te bekijken.

Lidingöloppet: eind sept./begin okt., www.lidingoloppet.se. 's Werelds grootste veldloop voert over Lidingö; diverse afstanden.

Stockholm Open, eind okt., www.stockholmopen.se: internationaal tennistoernooi, Kungliga tennishallen.

Internationaal Filmfestival: midden-eind nov., www.filmfestivalen.se. Trefpunt voor cineasten: tien dagen lang interessante nieuwe films, met accent op Scandinavië.

Advent: vanaf de eerste advent of eind nov. kerstmarkten o.a. op de Stortorget en in Skansen.

Nobeldagen: 10 dec. Uitreiking van de nobelprijzen in het Konserthuset, 's avonds banket in het Stadshuset.

Luciafeest: 13 dec. Luciaoptocht in Skansen met kroning van de 'Lichtkoningin' Lucia. Op veel plaatsen in de stad treden Luciakoren op: o.a. in kerken en op pleinen.

Oudejaarsdag *(nyårsafton)*: 31 dec. nieuwjaarsfeest met vuurwerk in Skan-

Veiligheid en noodgevallen

Zoals in alle grote steden dient u ook in het gedrang in de binnenstad van Stockholm op uw hoede te zijn voor zakkenrollers, o.a. bij het hoofdstation Centralen.
Alarmnummer landelijk: 112; **politie Stockholm:** tel. 114 14; **Nederlandse ambassade:** tel. 08 55 69 33 00, www.netherlands-embassy.se; **Belgische ambassade:** tel. 08 53 48 02 00, www.diplomatie.be/stockholmnl

sen, zang en feestelijke voordracht van gedichten rond middernacht.

Geld

1 Zweedse kroon (SEK) = 100 öre. Kleinste munt is 50 öre, er wordt naar boven of beneden afgerond. SEK 100 = € 10,40. Creditcards worden algemeen geaccepteerd. Met EC/Maestro-kaart en pincode krijgt u bij geldautomaten maximaal SEK 5000 (kosten). Forex-wisselkantoren wisselen ook contant geld (kosten).

Gevonden voorwerpen (Hittegods)

Bureau SL (openbaar-vervoersmaatschappij), Klara östra kyrkogata 6, T-Centralen, tel. 08 600 10 00, ma.-vr. 12-19, za. 12-16 uur; **politie,** Bergsgatan 39, tel. 08 401 07 88, T-Rådhuset; **hoofdstation,** tel. 08 762 25 50.

Gezondheid

Vraag voor uw vertrek naar Stockholm een Europese Zorgpas (EHIC) bij uw ziektekostenverzekeraar aan. Een bezoek aan een dokter kost ongeveer SEK 160, eerste hulp of het ziekenhuis ruwweg het dubbele. Een aanvullende reisverzekering dekt eventuele extra kosten.
Ziekenhuizen met eerste hulp *(akutmottagningen):* Karolinska universitetets sjukhus, tel. 08 51 77 00 00; Caprio-Sankt Göranssjukhus, tel. 08 58 70 10 00.
Tandarts *(tandvård):* nooddienst, tel. 08 654 11 17, ma.-vr. 8-21 uur.
www.vardguiden.nu biedt informatie over gezondheidsinstanties *(sjukvård)* in Stockholm. Medische noodhulp biedt: Cityakuten, Apelbergsgatan 48, tel. 08 412 29 60, ma.-vr. 8-17 uur.
Apotheken zijn uitstekend gesorteerd. 24 uur per dag geopend: C. W. Scheele-apotheek, Klarabergsgatan 64 (vlak bij station Centralen), tel. 08 454 81 30 en 07 71 45 04 50.

Informatie

Zweeds verkeersbureau

Visit Sweden
Stora Torget 2-4
S-83130 Östersund
Zweden
tel. 0294 43 25 80 (lokaal tarief; u wordt doorgeschakeld naar Zweden, voertaal Engels of Duits)
www.visitsweden.com.

Toeristische informatie over Stockholm

Stockholm Tourist Centre
Box 16282, S-10325 Stockholm, tel. 0046 8 50 82 85 08, info@svb.stock holm.se
Bezoekadres: Vasagatan 14, tegenover het centraal station Centralen, ma.-vr. 9-19, za. 10-17, zo. 10-16 uur.

Arlanda Visitor Centre
Luchthaven Arlanda, Terminal 5, dag. 6-24 uur, tel. 08 797 60 00.

Stockholmspanelen

Op verscheidene plaatsen in de stad (luchthaven, stations, hotels, bezienswaardigheden) kunt u op een beeldscherm informatie oproepen.

Internet

www.visitsweden.com: dit informatieve portal van de Zwedenpromotie helpt in het Nederlands efficiënt en gebruiksvriendelijk bij alle vragen van toeristen – een bron van informatie over de regio Stockholm met diverse links naar andere interessante sites.

www.royalcourt.se: de officiële website van het Zweedse koningshuis; nieuws over het hof en praktische informatie over het bezoeken van de koninklijke paleizen in en rondom Stockholm.

www.stockholmtown.com: de officiële website van het plaatselijke bureau voor toeristische informatie laat nauwelijks vragen open. Er wordt (in het Engels en Duits) informatie verstrekt over vrijwel alle denkbare onderwerpen, zoals evenementen, bars, cafés en restaurants. Niet alleen informatie over musea en attracties, maar ook tips voor een actieve vakantie en veel interessante bijzonderheden zijn gemakkelijk op te roepen. Ook is het mogelijk om online een hotelkamer te reserveren.

www.stockholm.se: de officiële site van de gemeente Stockholm biedt ook een samenvatting in het Engels. Bijzonderheden over de geschiedenis van de stad en ook veel informatie over projecten en problemen inzake bevolkingsaanwas, woningbouw en de verkeerssituatie.

www.sl.se: de website van de Stockholmse openbaar vervoersmaatschappij (SL) biedt reisroutes, dienstregelingen en prijzen. Heel overzichtelijk en nuttig: kaarten van bus- en metrolijnen.

www.visitskargarden.se: wie een uitstapje naar de scheren plant, vindt op deze website geheel verzorgde trips en alle wetenswaardigheden (ook in het Engels).

Kinderen

Kindvriendelijk

Zweden is een van 's werelds kindvriendelijkste landen en de hoofdstad vormt daarop geen uitzondering: Daarvan getuigen kinderwagenvriendelijke speelplaatsen en gezinskortingen.

Goedkoop overnachten

Veel hotels staan toe dat kinderen en jongeren onder 17 jaar 's zomers zonder extra kosten overnachten in de kamer van hun ouders en bieden drie- en vierpersoonskamers aan. Zo is het voor een vierkoppig gezin de moeite waard om een hotel te nemen.

In het restaurant

Vrijwel alle restaurants bieden 's middags een goedkoop kindermenu (*barnmeny*) aan, meestal hamburger, vleesballetjes (*köttbullar*) of pannenkoeken (*pannkakor*). Vaak is er ook een *barnportion* van het hoofdgerecht. Het drankenaanbod is gevarieerd: kinderen kunnen van diverse dranken de *läskdryck* (alcoholvrije dranken) kiezen, het hoeft niet per se cola te zijn: er zijn legio vruchtenmixdrankjes, bijvoorbeeld met *lingon* (bosbessen) of *jordgubb* (aardbeien). Leidingwater bij het eten is altijd gratis.

Gratis vertier

Met uitzondering van de rotsstranden in Långholmen zijn alle zwemlocaties in de buurt van de stad (zie blz. 25) heel geschikt voor kinderen: zandstrand, een ondiep gedeelte om te poedelen, een speelplaats, toiletten en een kiosk in de buurt. Op mooie dagen zijn de parken van Stockholm populaire doelen voor uitstapjes met het hele gezin.

Praktische informatie

Op de grasvelden van de parken van Ulriksdal, Haga of Drottningholm worden balspelletjes gedaan en er wordt gepicknickt. Veel parken in de binnenstad hebben speeltuinen *(parklekar)*, zoals Vasaparken, Humlegården en Rålambshovsparken.

Leuke musea

De meeste musea van Stockholm bieden in ieder geval in de grote vakantie speciale kinderevenementen: het Naturhistoriska en het Tekniska Museet (zie blz. 79, 81) zijn altijd boeiend. Winkeltje spelen kunnen de kleintjes in het Nordiska Museet (zie blz. 79), muziek maken in het Musikmuseet (zie blz. 78) en in Lilla Posten, het 'kinderpostkantoor' in de kelder van het postmuseum (zie blz. 37), brieven afstempelen, pakketten beschilderen en met papier knutselen.

Hoogtepunt voor kinderen is beslist Gröna Lunds Tivoli met zijn verscheidenheid aan attracties (zie blz. 81); pal tegenover lokt het grote openluchtmuseum Skansen (zie blz. 55) met o.a. boerderijen, demonstraties van oude ambachten en het berenpark. U kunt hier echter ook andere dieren uit het noorden leren kennen: wolven, rendieren, elanden. Voor de kleinsten is er een aaiboerderij ('Lillskansen'). In het Skansen-Akvariet (zie blz. 57) komt u tropische dieren tegen. Dat geldt ook voor Fjärilshuset in het Hagapark (zie blz. 77), waar vlinders en vogels vrij rondvliegen in serres. Boeiende natuurfilms vertoont het Cosmonova in het natuurhistorisch museum (zie blz. 110).

Klimaat en reisseizoen

Stockholm is in elk seizoen een lonend reisdoel: het voorjaar begint in mei en gaat heel snel over in de zomer, in juli en augustus met warme dagen van wel

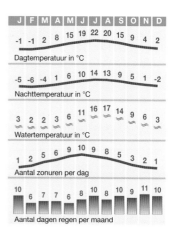

Klimaatdiagram Stockholm

30°C, de winter wordt des te kouder. In februari/maart moet men rekenen met veel sneeuw, dichtgevroren meren en dagtemperaturen rond -15°C.

Wie ten volle wil genieten van het complete recreatieaanbod van de 'stad op het water', moet 's zomers komen: van midzomer tot eind augustus kunt u heerlijk zwemmen, zeilen, vissen, uitstapjes maken en genieten van de heldere nachten, als het om 3 uur al weer licht wordt. Het openluchtmuseum Skansen is nog laat geopend en ook elders heerst dan nog veel bedrijvigheid. Maar ook een bezoek in de winter heeft zijn bekoringen, vooral de periode voor Kerstmis met de verlichte winkelstraten.

Openingstijden

Banken zijn ma.-vr. 9.30-15 uur geopend. Postzegels verkopen de **Postcenter** bijv. in supermarkten, in Pressbyrån- of 7-Elevenwinkels.
Winkels in de City doorgaans ma.-vr. 10-18, za. (vele ook zo.) 10-15 uur, in de winter 1-2 uur langer dan in de zomer. Supermarkten in woonwijken zijn vaak

tot 20 of 22 uur geopend, doorgaans ook zondag. Sommige 7-Elevenwinkels zijn tot diep in de nacht geopend, bijv. Götgatan 25, Södermalm, Odengatan 77, Vasastaden, en Birger Jarlsgatan 2, Östermalm.
Sommige restaurants en winkels zijn **'s zomers korter open** of gaan tussen eind juni/begin juli en midden augustus dicht.

Reizen met een handicap

Zweden kent voorbeeldige voorzieningen voor gehandicapten *(handikappade, funktionshindrade)*. Informatie is verkrijgbaar bij de nationale gehandicaptenbond: Handikappades Riksförbund, Katrinebergsvägen 6, S-10074 Stockholm, tel. 08 685 80 00, www.dhr.se.

Roken

Rokers hebben het zwaar in Zweden, niet alleen openbare gebouwen, metrostations, restaurants en cafés, ook vrijwel alle hotelkamers zijn rookvrije zones – *'rökfritt'* of *'rökning förbjudet'.*

Sport en activiteiten

Ballonvaren

In een luchtballon boven een stad als Stockholm te zweven – een belevenis van jewelste! Deze zeer verleidelijke (maar bepaald niet goedkope) vorm van sightseeing duurt vier tot vijf uur en de ballon gaat uitsluitend bij mooi weer de lucht in. Bedrijf: **Far & Flyg,** tel. 08 645 77 00, www.faroch.flyg.se, mei-sept. vanaf ca. SEK 2000 p.p.; **Upp & Ner,** tel. 08 644 04 00, www.uppner.se, vanaf ca. SEK 1000 (originele sightseeing ook per Segway of highspeedboot R.I.B.).

Fietsen

Stockholm bezit niet alleen een dicht net van fietspaden, vaak bewust ver van de grote autowegen aangelegd, ook de uitgestrekte natuurgebieden maken stressvrij fietsen mogelijk. Soms zijn weliswaar forse hellingen te bedwingen, maar op Djurgården en in het Hagaparken komt u echt op gang. Het meenemen van fietsen in bus en *tunnelbana* is niet mogelijk, uitsluitend in de *pendeltåg*. Een fietskaart voor Stockholm is o. a. verkrijgbaar op www.openstreetmap.org (de plus aanklikken).
Fietsenverhuurbedrijven: Djurgårdsbrons Sjöcafé (zie boven, kano-/kajak-, botenverhuur); Gamla stans cykel, Stora Nygatan 20, tel. 08 411 16 70, www.gamlastanscykel.se, SEK 100 voor 2 uur, SEK 500 voor 3 dagen.

Kano/kajak

De 'stad op het water' is uitstekend te verkennen per kano: baaien, kanalen, smalle vaargeulen tussen de eilanden. Het dragen van een zwemvest *(flytvästar)* is verplicht, peddelen en sturen leert u onderweg. Prachtig varen is het van Djurgårdsbron rondom het groene eiland Djurgården of op de wateren van Brunnsviken door het idyllische Hagapark. Meer ideeën voor tochtjes: www.stockholmtown.com.
Bootsverhuur: Djurgårdsbrons Sjöcafé, Galärvarvsvägen 2, Djurgården (direct bij de brug), verhuur van fietsen, inlines, kano's, waterfietsen en roeiboten; Brunnsvikens Kanotcentral, Hagvägen 5, Frescati, tel. 08 15 50 60; Kafé Kajak, Rålambshovsparken, vlak bij het Smedsuddsbadet, www.kafekajak.se.

Vissen

In de Strömmen, die pal langs het slot van Stockholm stroomt, is vissen met een hengel of een schepnetje toegestaan dankzij een verordening uit de 15e eeuw. De populairste visplaatsen zijn Strömparterren, Strömbron, Skeppsholmen en Blasieholmen. Ook in het Mälarmeer en in de wateren van de scheren in de Oostzee kunt u kosteloos uw vissersgeluk beproeven. Baars, snoek en zeeforel zijn talrijk en er wordt zelfs ook zalm gevangen. Voor privémeren in de omgeving is een visvergunning vereist *(fiskekort)*. Nadere informatie bij het Stockholm Tourist Centre.

Wandelen

De uitgestrekte parken van Stockholm zijn wandelgebieden vlak bij de binnenstad, vooral het eiland Djurgården met een oud eikenbos en vogelmeer (zie blz. 58). Het natuurpark Tyresta (zie blz. 85) is een attractie voor liefhebbers van wildernis.

Wintersport

Of het nu gaat om schaatsen op de ijsbaan in Kungsträdgården of skiën in de directe omgeving van de stad, de wintersportmogelijkheden in Stockholm zijn legio. Sneeuwzeker is de streek het meest in februari/maart. De slalomhelling met het allerbeste uitzicht is Hammarbybacken met vijf pistes en lift (bus 150 of Tvärbanan tot Sickla kaj, SEK 170 per dag); meer informatie over wintersportmogelijkheden op www.stockholmtown.com.

Zwemmen

Er is vrijwel geen grote stad ter wereld die zo dichtbij zo veel natuurlijke plekken om te zwemmen biedt als Stockholm. Er is het zoete water van het Mälarmeer en er zijn de kliffen van Saltsjö, aan de Oostzee. En wie er wat meer tijd voor over heeft, vindt in de scheren altijd wel een stil plekje om te zwemmen. In of rond de stad bevinden zich zo'n dertig zwembaden, waarvan zeven verwarmd. De temperatuur van

het water van Mälaren stijgt 's zomers echter ook al tot een aangename 21°C. Alle stranden zijn gratis, dus zwemkleding inpakken en eropuit!

Brunnsviksbadet: Frescati Hage, bus 40 richting Albano vanaf Odenplan, station Universitetet aan de Roslagsbanan. Kindvriendelijke zwemlocatie met veel avondzon. Op de rotsen ernaast zonnebaden volwassenen graag.

Flatenbadet: Skarpnäck, ca. 11 km naar het zuiden, bus 811 vanaf Gullmarsplan. Strandbad aan het meer Flatensjö met zandstrand en springtoren. Snackbar, minigolf en camping in de buurt.

Hässelbybadet: Badhusvägen, Hässelby (ca. 16 km naar het westen), T-Hässelby, dan bus naar Vidholmsvägen. Strandbad met rotsen en steigers.

Hellasgården: natuurreservaat Nacka, 7 km naar het zuidoosten, bus 401 vanaf Slussen. Zwemlocaties met zandstrand en steigers rondom het meer Kalltorpsjö. Vanaf het sportcomplex *(friluftsgården)* Hellasgården lopen wandelpaden door het natuurreservaat.

Långholmens Strandbad (▶ B 6) en **Långholmens Klippbad** (▶ C 6): Långholmen, T-Hornstull, bus 4. De dichtst bij de stad gelegen zwemlocatie in het Mälarmeer aan de noordkant van het eiland Långholmen. Rotsbad: stadinwaarts de Västerbron, mooie rotsen om te zonnen. Strandbad: ten westen van de brug, zandstrand.

Smedsuddsbadet (▶ B 6): Mariebergspark, Kungsholmen (onder de Västerbron), T-Fridhemsplan, dan bus 4, 62. Kindvriendelijk met een speeltuin en een kiosk. Het grasveld van het park is ideaal voor een picknick na het zwemmen; op zomeravonden openluchttheater in het nabije Rålambshovspark.

Badhuis Liljeholmsbadet (▶ B 8): Hornstulls strand, Södermalm, T-Hornstull, bus 4, midden aug.-eind juni ma. 7-19 (dames), vr. 7-19 (heren), di., wo. 7-16, do. 7-17, za. 8-14 uur, vanaf SEK 70.

Duurzaam reizen

In de eerste milieuhoofdstad van Europa Stockholm is het niet al te moeilijk om duurzaam toerisme te bedrijven. Met het milieuwaarmerk 'Svanen' gekenmerkte hotels en jeugdherbergen bieden o.a. biologische kost als ontbijt. In restaurants en in supermarkten kunt u producten met het KRAV-waarmerk voor ecologische teelt kiezen, en dat men gebruikmaakt van de fiets of het openbare buurtverkeer, is door het ruime aanbod in Stockholm bijna vanzelfsprekend.

www.naturesbestsweden.com: De Engelstalige website van het Zweedse kwaliteitswaarmerk voor ecotoerisme Naturens Bästa presenteert aanbiedingen van reisorganisaties van (actieve) vakanties in heel Zweden, ook in de agglomeratie Stockholm, bijv. excursies per kano of kajak naar de scheren.

Het badhuis is een beschermd monument, met water van 30°C. Dagen voor dames en voor heren.

Binnenbad Centralbadet (▶ E 4): Drottninggatan 88, Norrmalm, www.centralbadet.se, T-Hötorget, ma.-vr. 6-21, za., zo. 8-21 uur, toegang vanaf 18 jaar, SEK 130-180. In de badruimte met pilaren van het jugendstilgebouw met Moorse invloeden (bouwjaar 1904) vergeet men de tijd.

Binnenbad Eriksdalsbadet (▶ buiten F 8): Hammarby slussväg 20, Södermalm, T-Skanstull, ma.-do. 6.30-21, vr. 6.30-20, za. 9-17, zo. 9-18 uur, vanaf SEK 90 voor 3 uur. Modern, ruim complex, met de 50 m lange banen ideaal voor sportzwemmers (27°C). Ook sauna, peuterbad en waterpretpark (30°C).

Binnenbad Sturebadet: zie blz. 48.

Telefoon en internet

Mobieltjes *(mobiltelefoner)* zijn zeer wijd verbreid. Voordelig telefoneren in telefooncellen *(telefonautomat)* naar het buitenland is ook mogelijk met creditcards.

Landnummers
België 00 32
Nederland 00 31
Zweden 00 46

Surfen op het internet (tegen vergoeding) kan in veel openbare gebouwen, bijv. in het busstation Cityterminalen (bovenverdieping, plan 2), in het Kulturhuset (Café Access IT op de begane grond), in het postmuseum, bij de toeristeninformatie en in tal van 7-Elevenwinkels. In de meeste grote hotels is internetgebruik gratis voor gasten. Wie een laptop bij zich heeft, vindt in veel kamers aansluiting op het internet.

Landcode Zweden: .se

De 15 hoogtepunten

Voordat u een tochtje gaat maken naar de scheren of naar een van de veertien eilanden waarop de binnenstad van Stockholm ligt, zou u eerst eens een blik moeten werpen op de fraaie gevels van Blasieholmen en op de hoge klippen van Södermalm, en tevens op circa 300 jaar stadsgeschiedenis. Van de koepel van de Katarina kyrka (links) uit de vroege 18e eeuw tot aan de Söder torn in de moderne woonwijk uit de jaren negentig (rechts) is alles in het zachte licht gedompeld, dat zo kenmerkend is voor de 'drijvende stad'.

① Koninklijk Stockholm – rondom het slot

Kaart: ▶ kaart 2, F 6
Vervoer: T-Kungsträdgården, T-Gamla stan, Bus 2 naar Slottsbacken

U hoeft geen royalist te zijn om sympathie te voelen voor het Zweedse koningshuis – voorbeeldig, zonder schandalen en extravaganties. Dat was niet altijd zo. Midden in Stockholm rondom het koninklijke slot vindt u talrijke plekken die herinneren aan de bewogen historie van de Zweedse monarchie.

Op het hoogste punt van de slotheuvel, Slottsbacken, krijgt u bij de sokkel van de in 1799 uit granietblokken opgetrokken 22 m hoge **Obelisken** ① een goed overzicht van het slotterrein op Stadsholmen: recht voor u aan het water een **monument van koning Gustav III** ②, met uitzicht op het Nationalmuseum, dat de door hem opgezette kunstcollectie tegenwoordig aan het publiek presenteert, rechts een rij adellijke paleizen uit de 16e-18e eeuw en daarachter de middeleeuwse stegen

van Gamla stan (zie blz. 34). Links domineert als imposant 'blok' het koninklijk slot en achter u staat de koninklijke trouw- en kroningskerk, Storkyrkan.

Toneel van sprookjeshuwelijken

Op 19 juni 1976 werden koning Carl XVI Gustaf en Silvia Sommerlath uit Heidelberg in de **Storkyrkan** ③ in de echt verbonden, 34 jaar later, op 19 juni 2010, kroonprinses Victoria en Daniel Westling uit Ockelbo. De buitenkant van de kerk kreeg in de 18e eeuw, perfect passend bij het slot, een barok uiterlijk, maar het interieur met baksteengewelf verraadt onmiskenbaar een middeleeuwse oorsprong (13e eeuw). Blikvanger in de kerk is de meer dan 3,50 m hoge beeldengroep van de heilige Joris met draak en Maagd (1489), een kunstwerk, dat de veldheer Sten Sture na zijn overwinning op de Denen in de Slag bij Brunkeberg had laten maken. De draak is voorzien van een echt elandengewei en paardenhaar – lugubere details als uit een fantasiefilm –, terwijl de stralende overwinnaar natuurlijk het wapen van de Stureclan draagt. Meer dan 100 jaar lang gold de beeldhouwer Bernt Notke uit Lübeck als de maker. Recente onderzoeken weerleggen dit en schrijven het bijzondere werk toe aan Nederlandse kunstenaars. Hoe krijgszuchtig de tijden in de late middeleeuwen in Stockholm nog altijd waren, toont het uitzicht van buiten op de rechte oostzijde van de kerk – Gustav Vasa liet het halfronde koor afbreken om een vrij schootsveld te krijgen vanuit zijn burcht.

's Werelds grootste paleis

Met zijn 608 vertrekken is **Kungliga Slottet** het grootste nog in gebruik zijnde paleis ter wereld. Op de plek van de in 1697 afgebrande Vasaburcht Tre Kronor ontstond in de 18e eeuw het huidige reusachtige bouwwerk van hofbouwmeester Nicodemus Tessin de Jongere als barok viervleugelig complex rondom een binnenplaats. Na een bouwtijd van circa zestig jaar, in plaats van – zoals gepland – zes (!), konden koning Adolf Fredrik en koningin Lovisa Ulrika er in 1754 met de achtjarige en latere Gustav III hun intrek nemen. De huidige koninklijke familie vond het slot echter te onoverzichtelijk als woning en verhuisde in 1981 naar slot Drottningholm.

Wisseling van de wacht met muziek

Voornaamste attractie aan de westkant van het slot in de halfronde buitenste hof, **Yttre Borggården** 4, is de wisseling van de wacht (Högvakten, programma's zie blz. 33). De bewaking van het slot geschiedt afwisselend door verschillende regimenten van het Zweedse leger – en daarom

zijn er steeds weer nieuwe uniformen te zien. De wacht paradeert vanaf het Armémuseum in de Riddargatan in Östermalm begeleid door marsmuziek via Artillerigatan, Strandvägen, Hamngatan, Regeringsgatan, Gustav Adolfs torg, Norrbro, Skeppsbron en Slottsbacken naar Yttre Borggården, waar meestal nog een concert wordt gegeven, voordat de wisseling van de wacht der koninklijke lijfgarde plaatsvindt.

Te gast bij de koning

Vanaf het slotplein aan de westkant komt u ook in de koninklijke staatsievertrekken terecht, **Representationsvåningarna** 5. Deze vormen de setting voor officiële staatsbezoeken of voor het feestelijke diner, dat de koning voor de Nobelprijswinnaars organiseert. Een volgende serie vertrekken, **Gästvåningen,** dient als onderkomen voor staatsgasten. Want het koninklijke slot is geen museum, maar vooral het werkterrein van koning Carl XVI Gustaf en koningin Silvia, wier voornaamste taak een representatieve is. Een verdieping lager defileert u door **Bernadottevåningen,** langs talrijke portretten en de maarschalkstaf en -degen van de stichter van de nog altijd zetelende dynastie, Karl XIV Johan. Zijn carrière begon als rasechte Fransman en maarschalk van Napoleon Jean Baptiste Bernadotte. De Bernadottes staan voor een moderne monarchie: Oskar II had al in 1883 een telefoon op zijn bureau.

Representatie is alles

Op de benedenetage van het slot springt in de **Rikssalen** 6 (rijkszaal; ingang Slottsbacken of zuidzijde) de met blauw-gouden sterren gedecoreerde baladkist uit 1751 in het oog: deze werd voor de kroning van Adolf Fredrik vervaardigd. Daarbij valt een kleinood nauwelijks op: de zilveren troon van koningin Kristina, een met zilver overtrokken zitmeubel. Het behoort tot de weinige voorwerpen die de brand uit 1697 doorstonden. In 1650 werd de zilveren troon in Augsburg vervaardigd. Opdrachtgever was Kristina's vertrouweling en een van de rijkste edelen van het land, Magnus Gabriel de la Gardie. Kristina werd na de dood van haar vader Gustav II Adolf op de prille leeftijd van zes jaar troonopvolgster, toen troonopvolging door een vrouw in Zweden nog toekomstmuziek was; die werd pas in 1980 ingevoerd. Kristina was niet van plan om te gaan trouwen en haar man daardoor tot koning te maken. Ze deed kort daarop afstand van de troon, bekeerde zich tot het katholieke geloof en overleed in Rome. Tegenover de rijkszaal staat de slotkerk, **Slottskyrkan,** waarvan het rococo-interieur tijdens concerten en kerkdiensten te bewonderen is.

Parels en juwelen

Bij een bezoek an het slot hoort beslist een kijkje in de **Skattkammaren** 7 (ingang Slottsbacken, zuidzijde). Ook de schatkamer is eigenlijk geen museum, want de schattten uit vroegere tij-

> **Overigens:** alle huisnummers in Stockholm worden geteld vanaf de Obelisken op de slotheuvel.
> Indien u twijfelt in welke richting u in een bepaalde straat een door u gezocht adres kunt vinden, probeer dan gewoon het slot op te sporen …

den, de kronen en andere versierselen van de Zweedse koningen, troonopvolgers, prinsen en prinsessen, die hier twee kelderverdiepingen diep en achter gepantserde deuren veilig worden bewaard, zijn nog steeds in gebruik. Carl XVI Gustaf zet weliswaar zijn 1,7 kg zware kroon, die 450 jaar geleden voor de zoon van Gustav Vasa, Erik XIV, werd vervaardigd, niet meer op zijn hoofd, maar toch is het met smaragden, robijnen en rivierparels bezette machtssymbool bij ceremoniële gelegenheden altijd van de partij, evenals rijksappel en sierzwaard.

Wapenrustingen en staatsiekledij

Dat Zweden ooit een militaire grootmacht was, kunt u zien in de wapenkamer, **Livrustkammaren** 8 (ooste-

Representatief: het trappenhuis in het barokke slot

lijke ingang Slottsbacken, richting water). Deze herbergt naast koninklijke staatsiekledij de wapenrustingen van de Vasakoningen en – opgezet en indrukwekkend levensecht – het paard van Gustav II Adolf, dat in 1632, in de Dertigjarige Oorlog, zonder de koning terugkeerde van de Slag bij Lützen.

Musea in het slot en in de omgeving

De bij opgravingen in de nabijheid van het huidige slot gedane vondsten, waaronder maliënkolders en eetgerei worden in het **Museum Tre Kronor** 9

(ingang noordzijde, Lejonbacken) tentoongesteld en geven een indruk van de pracht en praal van de Vasatijd. Gustav III bracht van zijn reizen naar Italië en Griekenland antieke beeldhouwwerken mee naar het noorden, te bewonderen in het **Gustav III's Antikmuseum** 10 in de noordelijke vleugel (openingstijden zie hieronder, Kungliga Slottet). **Kungliga Myntkabinettet** 11 (www. myntkabinettet.se, dag. 10-16 uur, di.-zo. SEK 60, ma. toegang gratis) toont de koninklijke muntenverzameling en curieuze objecten zoals de zwaarste munt ter wereld (bijna 20 kg).

Programma's en openingstijden

Högvakten (wisseling van de wacht): ma.-za. 's zomers 12.15, zo. 13.15 uur, anders alleen wo. en za.

Kungliga Slottet, Skattkammaren, Museum Tre Kronor, Gustav III's Antikmuseum: www.royalcourt. se, feb.-midden mei (behalve Antikmuseum), midden sept.-dec. di.-zo. 12-15, midden-eind mei, begin-midden sept. dag. 10-16, juni-aug. dag. 10-17 uur, SEK 140 (combiticket).

Livrustkammaren: in het slot (ingang zuidoostzijde), www.livrustkammaren. se, mei di.-zo. 11-17, juni-aug. dag.10-17, anders di., wo., vr-zo. 11-17, do. 11-20 uur, SEK 60.

Storkyrkan: www.stockholmsdomkyr-koforsamling.se, mei en sept. dag. 9-16, juni ma.-za. 9-17, zo. 9-16, juli/ aug. ma.-za. 9-18, zo. 9-16, okt. ma.-za. 10-16, zo. 9-16 uur, mei-sept. SEK 40, anders toegang gratis.

Winkelen

Koninklijk winkelen kunt u in **Slottsboden** 1, de 'slotwinkel'. Naast de gebruikelijke ansichtkaarten en prullaria met koninklijke motieven biedt de zaak serviesgoed, tafelzilver,

tafelkleden en stoffen naar historische voorbeelden uit de 17e-19e eeuw, die ook slot Drottningholm sieren (midden mei-aug. dag. 10-16.30, sept.-apr. di.-vr. 12-16.30, za., zo. 12-15.30 uur). Tegenover het slot verkoopt de **Sweden Bookshop** 2 Zweedse literatuur in diverse talen, alsmede informatiemateriaal van het Zweedse Instituut (SI) met gegevens over het land en zijn bewoners.

Eten en drinken

Cafés en restaurants aan de **Stortorget** en in **Gamla stan** (zie blz. 34).

200 m

Kaart: ▶ Kaart 2
Vervoer: Gamla stan, Bus 2 tot Slottsbacken of Bus 3 tot Mälartorget

In Gamla stan ('oude stad') staan de oudste gebouwen van Stockholm. In de merendeels autovrije, met kinderkopjes geplaveide oude steegjes wemelt het van de winkeltjes met een gevarieerd aanbod en de dichtheid van cafés en restaurants is hoog. Maar er zijn ook rustige hoekjes, waar u nog een stukje geschiedenis kunt opsnuiven …

Onder de vleugels van de middeleeuwse burcht op het eiland Stadsholmen bouwde men vanaf de 13e eeuw koopmanswoningen, pakhuizen, kerken en panden voor de adel. Straatnamen als Tyska Brinken ('Duitse helling') of Tyska Prästgatan ('Duitse priestersteeg') herinneren aan de Duitse invloed – ten tijde van de Hanze in de 14e-15e eeuw domineerden Duitse kooplieden de stadsraad.

Middelpunt van het gebeuren – Stortorget

De grote markt, **Stortorget**, is het hart van de oude binnenstad – hier komen vermoeide toeristen op verhaal in een van de cafés of op een bank midden op het plein, met uitzicht op de in warme rode en gele tinten geschilderde gevels. De meeste van de mooie gevelpanden stammen uit de 17e en 18e eeuw, evenals de fontein (1760 van Erik Palmstedt). Fraaiste bouwwerk op het plein is evenwel het **Börshuset**, het voormalige gebouw van de beurs van Stockholm uit 1776 en tegenwoordig behuizing van het **Nobelmuseet** 1

34

(zie blz. 37). Op de eerste verdieping komen wekelijks de leden van de Zweedse Academie bijeen, die elk jaar de winnaar van de Nobelprijs voor de Literatuur bekend maken.

Een goed adres voor tweedehands souvenirs is het statige huis uit de 17e eeuw, **Grillska Huset** 2. Behalve een uitdragerij runt de daklozenopvang Stockholmse stadsmissie hier een café en bakkerij.

In de Duitse wijk

Een paar stappen verderop in de Svartmangatan, hoek Tyska Brinken komt u Duitse klanken tegen. Het carillon van de **Tyska kyrkan** 3 speelt Duitse kerkliederen en het opschrift op het ijzeren hek van het kerkhof luidt in het Duits: 'Vrees God! Eer de koning!' Duitse kooplieden gaven bouwmeester Hans Jacob Kristler uit Neurenberg in 1636 opdracht het voormalige gildehuis te verbouwen tot St.-Gertrudkerk. De 96 m hoge toren steekt boven alle andere in Gamla stan uit. De kerk is tegenwoordig het godshuis van de Duitstalige gemeente van de Svenska kyrkan. Bezienswaardig zijn de uit ebbenhout en albast vervaardigde preekstoel en de unieke galerij: niet minder dan 119 schilderingen uit de 17e eeuw verbeelden bijbelse taferelen.

Drukte of een rustig steegje?

Als u naar beneden loopt door de steile steeg Tyska Brinken, dan wemelt het in de volgende dwarsstraat **Västerlånggatan** van de toeristen. Hier koopt u souvenirs van wollen muts met rendiermotieven tot knuffeleland. Rechts, hoog boven de steeg **Kåkbrinken** gaat het van de Västerlånggatan weer stijl omhoog naar de Stortorget. Bij een korte pauze op de hoek van de Prästgatan wordt de aandacht getrokken door een ingemetselde hoeksteen – onmiskenbaar een **runensteen** 4 en een van

de vele verrassingen tijdens een wandeling door de oude stad vol historie. De inscriptie verluidt dat ene Torsten en een zekere Frögunn de steen voor hun zoon hebben neergezet. Waar hij oorspronkelijk heeft gestaan is niet bekend. Wie de tocht in plaats van op de drukke Västerlånggatan liever in rustig vaarwater wil voortzetten, gaat rechtsaf de **Prästgatan** in, de oudste steeg van Gamla stan, waarvan de huizen oorspronkelijk pal aan de stadsmuur stonden en veel interessante geveldetails en inscripties vertonen. Ze leidt door de smalste steeg van de oude stad, de slechts 90 cm brede **Mårten Trotzigs gränd** 5, genoemd naar een wijnhandelaar – eveneens van Duitse afkomst. Achter de Estniska skolan voert een trap steil omlaag naar de Järntorget, waar cafés en ijssalons op u wachten.

Curieus en historisch

De rustige winkelstraat **Österlånggatan** is de tweede ader van het fijnmazige net van steegjes in de oude binnenstad en heel geschikt voor een rustige slentertocht. In dit deel van de stad zitten veel horecagelegenheden met traditie, zoals **Den Gyldene Freden** 1 (Österlånggatan 51, http://gyldenefreden.se, ma.-vr. 11.30-14.30, za. 17-23 uur). Medio 18e eeuw was de dichter en zanger Carl Mikael Bellman vaak te gast in deze zaak; nu is hier

> **Overigens:** Brända Tomten aan het einde van de Kindstugatan is een van de weinige groene oases in de dichtbebouwde 'steenwoestijn' van de binnenstad. De open ruimte ontstond door een brand (Brända Tomten = verbrand terrein). Het stuk grond werd niet meer bebouwd, om karren een plek te geven om te keren.

Het plein Stortorget met zijn bonte gevels nodigt uit voor een pauze na een wandeling door de oude stad

de stamtafel van de 18 leden van de Zweedse Academie. Op de kaart staat klassieke Zweedse burgerkost (lunch vanaf SEK 125), eten kunt u in de rustieke ambiance van de gewelven of elegant op de bovenverdieping.

De Österlånggatan loopt paralllel aan het water door het middeleeuwse Stockholm, en de aan de waterzijde van deze straat aftakkende stegen eindigden ooit aan de kade, Skeppsbron – daar dobberden in de middeleeuwen de vrachtbootjes, want 700 jaar geleden was het waterpeil van de Oostzee hoger dan tegenwoordig. Heel toepasselijk verkoopt het **Fartygsmagasinet** ▪ (Österlånggatan 19) maritieme cursio-

sa afkomstig van uit de vaart genomen schepen.

Hier tegenover gaat het omhoog naar de **Köpmantorget** ▪, waar een kopie staat van de beeldengroep van de drakendoder Sankt Göran (Sint-Joris) uit de Storkyrkan (zie blz. 28).

Iets verderop kunt u een pauze verbinden met een blik op meer dan 600 jaar oude eikenhouten balken, namelijk in het mooie gewelfde café-restaurant **Kaffe och annat** ▪, Österlånggatan 9, dat twee treden onder het huidige straatniveau koffie, gebak en lunchgerechten biedt (groentetaart, soep ca. SEK 60-70).

Openingstijden

Nobelmuseet 1: Stortorget, www.
nobelmuseet.se, midden mei-midden
sept. ma., wo.-zo. 10-17, di. 10-20,
anders di. 11-20, wo.-zo. 11-17 uur, SEK
70. De tentoonstelling belicht
multimediaal 100 jaar Nobelprijs-
geschiedenis en schrijft daarmee een
stukje geschiedenis. Filmbeelden
introduceren de winnaars en hun werk,
en u krijgt een indruk van het verloop
en de betekenis van de ceremonie.
Tyska kyrkan 3: mei-sept. dag. 12-16,
okt.-mrt. za., zo. 12-16 uur, toegang
gratis.

Overige musea in Gamla stan

Het gebouw van het **Postmuseum** 7
in de Lilla Nygatan 6 dateert van
dezelfde tijd als de meeste andere
huizen in de oude stad (van rond 1650,
en sinds 1720 in gebruik als postkan-
toor). Hier zijn in een goed beveiligde
vitrine de blauwe en gele Mauritius uit
1847 te zien en 's werelds oudste
postzegelalbum uit het midden van de
19e eeuw (www.postmuseum.
posten.se, mei-aug. di.-zo. 11-16,
sept.-apr. di., do.-zo. 11-16, wo. 11-19
uur, SEK 50).
Leven en werk van liedjesschrijver en
geboren Nederlander Cornelis
Vreeswijk (1937-87) staan centraal in
het kleine, liefdevol ingerichte
Cornelis Vreeswijkmuseet 8
(Trångsund 8, www.cornelis.se,
's zomers dag. 12-16 uur, toegang
gratis).

Eten en drinken

Het café-duo **Kaffekoppen/
Chokladkoppen** 3 (dag. 9-22,
's zomers 8-23 uur) heeft aan
weerskanten van een van de mooiste
barokke huizen aan de Stortorget zijn
tafels neergezet. Met een kop chocola

of koffie en een sandwich kunt u hier
even op verhaal komen.
Niet alleen veganisten en vegetariërs
vinden in de oude stad asiel bij
Hermitage 4 (Stora Nygatan 11/hoek
Gåsgränd, ma.-vr. 11-20, za., zo. 12-20
uur, lunch 11-15 uur ca. SEK 80); het
kleine tentje is populair en zit
gedurende de lunchtijd snel vol.
Na de lunch zin in ijs of taart? Het
laatste verkoopt **Sundbergs
konditori** 5 aan de Järntorget (zie
ook blz. 84, 's zomers dag. 7.30-22,
's winters 7.30-20 uur, koffie SEK 25,
gebak en kleine gerechten tot ca.
SEK 75). Het gezellig met pluche,
kroonluchters, stijlvol meubilair en
schilderijen ingerichte café is het
oudste van Stockholm, in 1785
geopend naar Weens voorbeeld - koning Gustav III was een liefhebber van
goede taarten (dat er een onderaardse
gang naar het slot was, is een fabeltje).
Eveneens aan dit plein zit **Café
Järntorget** 6. Het biedt versgebak-
ken wafels, gevuld met vanille-ijs;
enorme keuze aan sausjes.

Winkelen

In de kleine winkel **Leksaker förr och
nu** 2 (Västerlånggatan 11, ma.-vr.
10-17, za. 10-15 uur) vermengen zich
oud en nieuw. Liefhebbers en
verzamelaars van poppen of
teddyberen zijn hier aan het juiste
adres.
Voordelige snuisterijen als sieraden en
houten voorwerpen verkoopt het
collectief van ambachtslieden **Trångt
& Trevligt** 3 (Västerlånggatan 24,
ma.-vr. 11-19, za., zo. 11-18 uur).
Glaskunst en andere stijlvolle
souvenirs heeft de winkel van
Nordiska Kristall 4 (Österlånggatan 1,
alleen 's zomers geopend, zie ook
blz. 103) in ruime keuze voorradig.

③ Wandeling door het kille hart van de City – Norrmalm

Kaart: ▶ E/F 4/5
Vervoer: T-Centralen of T-Hötorget

Loop maar eens warm voor het koude hart van de City! Medio 20e eeuw werd de oude wijk Norrmalm genadeloos veranderd in een modern grotestadscentrum. Inmiddels is men erin geslaagd het kille ontwerp van de vijf wolkenkrabbers van Hötorgscity en de glazen leegte van Sergels torg een levendigere uitstraling te geven.

Kil grootstedelijk plein

Het moest een modern grootstedelijk plein worden, het handelscentrum van de City, maar het tochtige plein met ondergrondse winkelzone, metroknooppunt, doorsneden door brede wegen, is voor sommigen niets meer dan het kille hart van de binnenstad. Over het **Sergels torg** ∎, dat in de volksmond naar het grijs-witte driehoekige tegelplaveisel 'Plattan' wordt genoemd en als symbool van de in de jaren zestig uitgevoerde sanering van

de binnenstad geldt, zijn de meningen verdeeld.

Maar de 's nachts prachtig verlichte sculptuur in de fontein en vooral de talrijke activiteiten in het **Kulturhuset** ☑ compenseren enigszins de schaduwzijden van Sergels torg. Dit glazen gebouw van architectenbureau Peter Celsing (1968-1973) heet in de volksmond ook wel 'het grote aquarium'. Het is een typisch voorbeeld van architectuur van de jaren zestig en was bedoeld als oase van cultuur in een door de commercie gedomineerde binnenstad. Het Kulturhuset omvat het stadstheater met diverse podia (zie blz. 113), bioscoop, internet- en andere cafés, tentoonstellingsruimtes, leeszaal – een open huis voor inwoners en bezoekers.

Marktactiviteit aan de Hötorget

Via de voetgangerszone belandt u op de 'hooimarkt', waar nu op werkdagen bloemen, groenten en fruit, en op zondag tweedehands spullen worden verkocht. De achtergrond voor dit bonte aanbod van spullen bestaat uit de neoclassicistische façade van het **Konserthuset** , waar de Zweedse koning elk jaar de Nobelprijzen uitreikt, met uitzondering van de Nobelprijs voor de vrede, die in Oslo wordt uitgereikt. Blikvanger is de Orpheusfontein van Carl Milles voor het gebouw.

Een kant van het plein wordt ingenomen door de markthal met twee verdiepingen van glas en beton, **Hötorgshallen** . Hier is het op werkdagen een drukte van belang bij de kraampjes waar vis, vlees en delicatessen worden verkocht. De vijf wolkenkrabbers uit de jaren vijftig richting Sveavägen, **Hötorgsskraporna** genaamd, domineren het stadssilhouet.

Aan de andere kant – als fraai contrast – staat het oudste warenhuis van Stockholm, in 1882 gesticht door Paul U. Bergström: zijn initialen, **PUB** , sieren het gebouw tot op de huidige dag. Hij was ook de man die zijn administra-

tief medewerkster Greta Gustavsson een hoed liet showen; later werd ze als Greta Garbo wereldberoemd. Het warenhuis biedt thans onderdak aan tal van gerenommeerde merken.

Kungsgatan

Een casino, diverse bioscopen en bars met bonte neonreclames en een druk autoverkeer, op zomeravonden ook autocorso's met glimmende Amerikaanse sleeën roepen op de Kungsgatan tussen Hötorget en Stureplan herinneringen op aan Amerikaanse steden met wolkenkrabbers. Bewijs voor de grootstedelijke ambities van Stockholm begin 20e eeuw zijn de beide torens, **Kungstornen** , aan de Kungsgatan aan de overzijde van de Sveavägen. Met hun 16 verdiepingen markeren ze de kruising van de Kungsgatan met de Malmskillnadsgatan. Deze overbrugt het aanzienlijke hoogteverschil met de Kungsgatan, die vanaf 1915 in de rots van de Brunkeberg werd uitgehouwen, over een viaduct.

Openingstijden

Kulturhuset: www.kulturhuset.stockholm.se, di.-vr. 11-21, za., zo. 11-17, juni-aug. 11-18, za., zo. 11-16, uur.
Hötorgshallen: ma.-do. 10-18, vr. 10-18.30, za. 10-16 uur ('s zomers vr. en za. korter geopend).
PUB: Drottninggatan/Hötorget, ma.-vr. 10-19, za. 10-17, zo. 11-16 uur.

Eten en drinken

Het **Panorama-Café** op de bovenste verdieping van het **Kulturhuset** bekoort door het uitzicht vanaf het dakterras, een ander café op de derde verdieping biedt biologische kost. **Hötorgshallen** is 's middags het beste adres voor fastfood; dan staat men in de rij voor goedkope snacks als pizza's, kebab en wokgerechten.

Het restaurant **1900** levert topkwaliteit; 's middags voordelige menu's (zie blz. 96).

4 Herkenningspunt aan het water – het stadhuis van Stockholm

Kaart: ▶ D/E 6
Vervoer: T-Rådhuset, Bus 3, 40, 62, 69 naar Stadshuset

Het stadhuis van Stockholm bevindt zich op de oostpunt van het eiland Kungsholmen – hier wordt de Zweedse hoofdstad geregeerd, hier vergadert de gemeenteraad. Het Stadshuset siert als herkenningspunt van Stockholm ansichtkaarten en allerlei soorten souvenirs – onovertroffen is de bijzondere architectuur en de prachtige ligging aan het water te midden van de veertien eilanden, die het centrum van de stad vormen.

De bouwtijd (1911-1923) en de kosten (18 in plaats van 6 miljoen kronen) van het stadhuis van Stockholm, **Stadshuset 1** oversteen alle verwachtingen. Maar het is de moeite waard geweest, want het bouwkundige meesterwerk, een kruising tussen de nationaal-romantische en moderne stijlen, een ontwerp van architect Rag-

nar Östberg, werd hét herkenningspunt en symbool van Stockholm. Het uit acht miljoen bakstenen opgetrokken gebouw herinnert met zijn door zuilen omgeven binnenhof aan een Italiaans renaissancepaleis.

Raadzaal

In de Rådssalen vergadert de gemeenteraad. De houtconstructie van het 19 m hoge plafond roept Vikingromatiek op met geschilderde taferelen uit de stadsgeschiedenis – of ze de 101 raadsleden tijdens saaie vergaderingen tot dromen animeren, is niet bekend.

Toneel van het Nobelgala

Jaarlijks op 10 december, de sterfdag van de in 1896 overleden wetenschapper en ondernemer Alfred Nobel, staat hij weer in de schijnwerpers in de blauwe Zaal, Blå Hallen, die helemaal niet blauw is – de ruwe bakstenen wand werd zo mooi gevonden dat men besloot hem niet te schilderen. Hier vindt elk jaar het galadiner voor de Nobelprijswinnaars plaats, met de koning en 1300 genodigden. Dan staan er op het decoratieve vloermozaïek van Zweeds marmer in de meest uiteenlopende kleuren van roze tot groen lange rijen tafels en stoelen voor het banket.

De gouden koningin van het Mälarmeer

De Gouden Zaal, Gyllene Salen, doet zijn naam daarentegen wel eer aan: de muur is bewerkt met een mozaïek van 19 miljoen met bladgoud bedekte stukjes glas van de in Italië opgeleide kunstenaar Einar Forseth – in totaal werd slechts 10 kg goud gebruikt. In het midden van de noordelijke muur toont het mozaïek 'Mälardrottningen', de legendarische koningin van het Mälarmeer. Op haar schoot draagt de beschermvrouwe van de stad het slot, de Storkyrkan en het Stadshuset. De wereld ligt aan haar voeten: de reusachtige figuur wordt geflankeerd door de steden van het Oosten – de Turkse vlag is te herkennen – en het Westen – New York en de vlag van de VS aan de buitenste rand.

Het meesterstuk van Prins Eugen

Tot de topkunstenaars die samenwerkten om het bouwwerk te verfraaien behoorde ook schilder-prins Eugen. In zijn in 1918 voltooide fresco in de Prinsens Galleri op de bovenverdieping van de zuidkant herkennen oplettende waarnemers al gauw het spiegelbeeld van het uitzicht uit het raam – het op het verse grove pleisterwerk aangebrachte fresco is met zijn heldere kleuren een meesterwerk van 'noords impressionisme'. De titel van de grote wandschildering is geïnspireerd op Selma Lagerlöfs betiteling van Stockholm als de 'stad op het water'. Prins Eugen werkte drie jaar aan het meesterstuk.

Het mooiste uitzichtspunt van Stockholm

De bekroning is echter letterlijk de toren van het stadhuis: precies 106 m hoog en versierd met drie gouden kronen. Verzuim niet om hem te beklimmen – het uitzicht is fantastisch, vooral op de nabije oude stad Gamla stan, het water en het drukke bootsverkeer. **Tornmuseet** 🄂, het torenmuseum, herinnert aan de 3000 Stockholmse burgers, die de koperen platen voor het dak hebben geschonken – in elke plaat is een naam gegraveerd, zodat de burgers letterlijk op hun stadhuis vereeuwigd zijn.

Het terras aan het Mälarmeer

Het stadhuis is ook aan de buitenkant verfraaid met talrijke details en sculpturen, die aan de geschiedenis van de stad herinneren, zoals het beeld van Sint-Joris en het carillon, het graf van de vermeende stichter van Stockholm Birger Jarl en het standbeeld van Engelbrekt Engelbrektsson, dat de beeldhouwer Christian Eriksson op een zuil hoog boven het meer heeft geplaatst. Het streng symmetrisch aange-

Overigens: de 101 gemeenteraadsleden *(kommunfullmäktige)* komen om de drie weken samen. Ze worden om de vier jaar gekozen, tegelijk met de verkiezingen voor het nationale parlement, en benoemen een stadsbestuur, *kommunstyrelsen*. De burgemeester heeft slechts representatieve taken. In de Rådssalen werd o. a. de invoering van de verkeerstol in 2007 bekrachtigd en over grote bouwprojecten vergaderd, zoals de herprofilering van de verkeersrotonde Slussen (besloten) of de stadsbibliotheek (in 2009 verworpen uit geldgebrek).

legde tuinterras **Stadshusterrassen** 3 met de twee schelpenfonteinen aan de oever van het Mälarmeer biedt een uniek uitzicht op Riddarholmen en Gamla stan, omlijst door de twee bronzen beelden van Carl Eldh (1873-1954) bij de trappen naar het water: 'De Dans' en 'Het Gezang'.

Openingstijden

Stadhuis (Stadshuset): www.stock holm.se/stadshuset, dag. rondleidingen (juni-aug., duur ca. 50 min.) mei, sept. 10, 12, 13, 14, juni-aug. 10, 11, 12, 14, 15, okt.-apr. 10 en 12 uur, SEK 80, nov./dec. SEK 50.
Tornmuseet: torenbeklimming juni-aug. dag. 9-17, mei en sept. 9-16, apr. za., zo. 10-16 uur, SEK 30.

Wandeling langs het water

Breng een bezoek aan de koningin van het Mälarmeer en wandel, het stadhuis achter u latend, in westelijke richting over de weg langs de oever parallel aan het **Norr Mälarstrand,** langs een rij historische schepen, die nu deels als woonboot dienstdoen, en dan langs de idyllische met riet begroeide oever van het Mälarmeer. Deze oeverweg voert tot **Rålambs-hovsparken,** waar u zich in het strandbad Smedsuddsbadet (zie blz. 26) kunt opfrissen, voordat u de hoge brug **Västerbron** beklimt en geniet van het uitzicht op het stadspanorama met het stadhuis.

Eten en drinken

Goede kost op Kungsholmen biedt het kleine, 's middags vaak tot de laatste plaats bezette, restaurant **Spisa hos Helena** (zie blz. 97) tegenover het gerechtsgebouw, Rådhuset – niet te verwarren met het stadhuis, Stadshuset!

Sightseeing op het water

De tocht met de excursieboot (zie blz. 20) om de eilanden Kungsholmen en Långholmen vanaf **Stadshusbron** 1 is als een reis door de architectuur van de 20e eeuw – van de luisterrijke gevels aan het Norr Mälarstrand (1923-31) en de verlaten woonblokken van de nieuwe zakelijkheid uit de jaren dertig van de vorige eeuw tot de moderne luxueuze appartementencomplexen met bootsteigers voor de deur. Maar de boot vaart ook langs badstranden, jachthavens en Slot Karlberg, in de 18e eeuw opgetrokken onder Karl XII en tegenwoordig officiersschool.

Boottocht op het Mälarmeer

De aanlegsteiger voor alle boten richting Mälarmeer is eveneens **Stadshusbron.** Van hieruit varen 's morgens om 10 uur de boten naar Slot Drottningholm (zie blz. 70), Birka (zie blz. 82) of Mariefred met Slot Gripsholm (zie blz. 82).

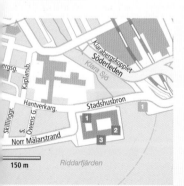

Kaart: ▶ F-H 5
Vervoer: Tram of Bus 69 tot Nybroplan

Een wandeling over de Strandvägen lijkt op een tijdreis in de late 19e en vroege 20e eeuw, toen de prachtige stadspaleizen naar Parijs' voorbeeld hier verrezen. Tegenwoordig zijn hier de exclusiefste adressen van Stockholm, de prijzen van het vastgoed rijzen hier de pan uit. Geniet van het uitzicht op de boten naar de scheren en over het water op het groene eiland Djurgården met het silhouet van het Nordiska Museet.

Bombast met stijl

Het begin van de 1,2 km lange fla-neerboulevard bestaat uit architecto-nische bombast in marmer en goud: **Dramaten** ■ aan het Nybroplan. De officiële naam van 's lands belangrijk-ste theater luidt Kungliga Dramatiska Teatern, gesticht door de kunstzinnige 'theaterkoning' Gustav III. In 1908 werd het door architect Fredrik Lilljekvist ontworpen jugendstilgebouw met de opvoering van een stuk van Strindberg geopend – na een bouwtijd van zes jaar en meer dan twee maal zo duur als gepland. Er hadden immers befaam-de kunstenaars aan mee gewerkt: de met marmer beklede gevel is versierd met het reliëffries van een uitgela-ten Dionysosoptocht van de hand van Christian Eriksson, de decoratie van de zuilen bij de ingang ontwierp Carl Milles en de plafondschilderingen zijn vervaardigd door onder anderen Carl Larsson en prins Eugen.

Wonen achter statige gevels

Als u uw blik hebt kunnen losmaken van de goudglanzende ingangsgevel van het Kungliga Dramatiska Teatern, kan hij verder dwalen over de fraaie architectuur van de Strandvägen, waar de jugendstil overheerst, maar ook in-vloeden uit de Italiaanse renaissance en imitaties van Loirekastelen te ont-dekken zijn. Hier staan twee jugendstil-hotels als tweelingen tegenover elkaar,

hotel Esplanade , Strandvägen 7A, uit 1910 en het nog exclusievere **Hotel Diplomat** ☷, waar in de T/bar een afternoon tea kan worden besteld. Bij de thee worden naar goed Engels gebruik scones en marmelade of ook hartige hapjes geserveerd.

Springplank naar de scheren

Het mooiste is het aan de Strandvägen, wanneer de boten in de scheren aanleggen en van wal steken, dus ofwel 's morgens tegen 10 uur of laat in de middag. Dan is het druk aan de kades; de aanlegmanoeuvres van de boten zorgen voor hoge golven en de passagiers gaan gepakt en gezakt aan boord voor een weekend of ook langer in hun vakantiehuisjes in de scheren – wie denkt dan niet aan Astrid Lindgrens *Vakantie op Saltkrokan*? In het rondom verglaasde paviljoen **Visit Skärgården** ☴ kunt u het gewoel onder het genot van een kop koffie gadeslaan en dagdromen over de romantische, idyllische scheren. Boeken voor een excursie naar minder bekende scheren als Grinda of Utö, naar Sandhamn of Svartsö kunt u bij het reisbureau in het café. Uitstapjes van een halve dag per boot naar Vaxholm (zie blz. 85) of naar de Fjäderholmarna, slechts een halfuur varen (zie blz. 72), kunnen een leuk voorproefje zijn.

Loirekasteel aan de Oostzee

Aan de landzijde vormt het gebouwencomplex Strandvägen nr. 29-33, **Bünsowska Huset** ☵ genaamd, de bekroning van de strandpromenade: met de hoektorentjes en met een combinatie van rode baksteen en kalksteen herinnert het complex van architect Isak Gustaf Clason aan een Loirekasteel. Het bouwwerk werd opgetrokken (1886-88) als residentie van een houtbaron en kwam voor het laatst begin 21e eeuw in het nieuws, toen het bedrijf Skandia het privébezit van zijn directeur liet renoveren; de omgerekend bijna 8 miljoen euro moest worden terugbetaald.

De prachtige **Djurgårdsbron** ☶ besluit de wandeling langs het water. De brug met de vergulde beeldengroe-

Ook 's winters aangenaam: een wandeling langs het water over de Strandvägen

pen, die de noordse goden voorstellen, en de kunstige gietijzeren lampen werd gebouwd voor de kunst- en industrietentoonstelling in 1897.

Thuis bij de upper class

Als u wilt zien hoe er vroeger in een stadspaleis werd gewoond, neem dan de tram (bij voorkeur de historische) of de bus terug richting City tot Norrmalmstorg en sluit vervolgens aan bij een rondleiding in het **Hallwylska Museet** [7]. Moorse en Venetiaanse elementen sieren de façade van het stadspaleis dat architect Isak Gustaf Clason in 1893-1897 ontwierp voor de dochter van de rijke eigenaar van een houtzagerij, Wilhelmina Kempe, en voor haar onbemiddelde, uit Zwitserland afkomstige echtgenoot, graaf Hallwyl. Van de keuken in het souterrain tot de kegelbaan vlak onder het dak is alles van deze enorme, voor die tijd comfortabel ingerichte woning bewaard gebleven. Aanrader!

● ●

Openingstijden

Visit Skärgården: Strandvägen, Kajplats 18, www.visitskargarden.se, ma.-vr. 9-17, za. 10-16, zo. 11-16 uur.
Hallwylska Museet: Hamngatan 4, www.hallwylskamuseet.se; juli-aug. di.-zo. 11.45-18, anders di.-zo. 11.45-16, wo. ook 16-19 uur, SEK 50.

Per spoor

Voor de weg terug naar de Norrmalmstorg is de tram aanbevelenswaard, in het toeristenseizoen rijdt ook de museumtram **Djurgårdslinjen**, met conducteurs en conductrices in historische plunje.

Eten en drinken

Wie aan het einde van de wandeling trek heeft gekregen: goede Zweedse kost met gourmetgehalte biedt het restaurant **Eriks Bakficka** [1] (Fredrikshovsgatan 4, Ecke Storgatan, tel. 08 660 15 99, www.eriks.se, ma. 11.30-15, 17-23, di.-vr. 11.30-15, 17-24, za. 17-24 uur, lunch SEK 105, hoofdgerechten SEK 225-295). Alternatief: afternoon tea in de **T/Bar** in **Hotel Diplomat**, Strandvägen 7C (dag. vanaf 14 uur, High Tea).

Winkelen met stijl

Twee klassiekers van Zweeds design vindt u aan de chique Strandvägen. De een heet **Svenskt Tenn** [1] (Strandvägen 5, www.svenskttenn.se ma.-vr. 10-18, za. 10-15 uur, 's zomers alleen tot 14 uur). De zaak verkoopt meubels, lampen, seviesgoed, glas, textiel en mooie kleine accessoires. Pal ernaast zit sinds 1940 **Carl Malmsten** [2] (Strandvägen 5, www.malmsten.se, ma.-vr. 10-18, za. 10-16 uur). In 1934 maakte Carl Malmsten naam met zijn comfortabele fauteuil 'Jättepaddan' ('reuzenschildpad'), waarvan er nog steeds veel worden verkocht. Er zijn veel andere modellen bijgekomen. Een bezoek is de moeite waard.

Actief op het water en het land

Wie zich een keer anders dan te voet wil voortbewegen en een tochtje op het water of op het droge wil maken, kan langs Strandvägen ook peddelen of fietsen. De middelen daartoe verhuurt **Djurgårdsbrons Sjöcafé** [1] (apr.-sept., zie blz. 26). Natuurlijk kunt u daar ook koffie drinken en de inwendige mens met kleine gerechten versterken.

6 Winkelen en smullen – rondom de Östermalms saluhall

Kaart: ▶ F/G 4/5
Vervoer: T-Östermalmstorg, Bus 62

De culinaire excursie begint in de exclusieve markthal aan de Östermalmstorg. Rondom kunt u winkelen en naar hartelust genieten. Het is hier een aaneenschakeling van speciaalzaken voor klassiek Scandinavisch design, kunstgaleries en chique boetieks. Wie een zwak voor mooie dingen heeft, moet in Östermalm een gevulde bankrekening of sterke zenuwen hebben.

De markthal van de chique wijk, kortweg 'Östermalmshallen' of ook wel – officiëler – **Östermalms saluhall** ◼ genoemd, is een degelijk uit baksteen opgetrokken gebouw met fraaie decoraties. Ook het interieur straalt noblesse en traditiebewustzijn uit – de waren zijn verleidelijk en de prijzen hoog. Kaas, broodjes, worst of vis, hier is alles van topkwaliteit en smakelijk uitgestald. De opgezette elandenkop geeft aan waar wild wordt verkocht. Naast elandenworst en rendierham verrast de overvloed aan worst- en kaasspecialiteiten uit continentaal Europa – van Italiaanse salami tot Zwitserse kaas.

Vis en meer

Vooral de kraam met een eersteklas aanbod aan vis en schaaldieren helemaal achterin de hal is zeer in trek bij de kenners. Het visrestaurant **Tysta Mari** hoort bij de aangrenzende vishandel Melanders, die de verse ingrediënten levert: toast skagen, gravad lax met aardappelen in dille en in mosterd gemarineerde gebakken haring zijn alleszins betaalbare lekkernijen (vanaf SEK 135). 's Middags kan het heel druk worden aan de kleine bistrotafeltjes, dus ga bijtijds in de rij staan.

De Frans geïnspireerde keuken van **Lisa Elmqvist** trekt voor de lunch eveneens veel fijnproevers naar de hal: uitstekende visgerechten – aanraders zijn de klassieke gebakken haring (*stekt strömming*), de heerlijke vissoep en de cassoulet van vis en mosselen (ca. SEK 150-298). Maar ook voor vegetariërs is goed gezorgd, namelijk in het restaurant **Örtagården** (ingang Nybrogatan). U zit hier fraai op de bovenverdieping van de markthal, aan kleine tafeltjes in een Engels aandoende en ongedwongen atmosfeer. De gasten hier bedienen zichzelf van het vegetarische buffet (lunchbuffet ma.-vr. 11-17 uur SEK 95), maar 's avonds (tot 22 uur) serveert men ook vlees- en visgerechten.

Marktplein

En op het marktplein zelf? 's Zomers is er voor de hal op de **Östermalmstorg** een bloemen-, fruit- en groentemarkt, dan is de openluchthoreca geopend. Wie zich geen luxueuze maaltijden kan of wil permitteren, krijgt het hele jaar door een flinke portie worst *(korv)* met aardappelpuree *(mos)* bij de Grillkiosk, typisch is de *tunnbrödsrulle* met veel *räksallad,* garnalensalade met veel mayonaise.

Grote namen, de beste adressen voor Skandinavisch design

Met een vroege lunch achter de kiezen, kunt u met winkelen beginnen. Schuin tegenover de markthal vindt u in de winkel **Modernity** 🔳 (Sibyllegatan 6) creaties van beroemde Scandinavische ontwerpers – te koop of alleen maar te bewonderen zijn glas, keramiek, lampen en sieraden van de jaren vijftig tot heden. De lange lijst namen loopt van Alvar Aalto via Arne Jacobsen naar Tapio Wirkkala.

Wie geïnteresseerd is in hedendaags Scandinavisch design, moet beslist eens een kijkje nemen bij **Asplund** 🔳 (Sibyllegatan 31) – alle grote Zweedse namen zijn vertegenwoordigd, maar ook ontwerpers uit steden als Milaan en Londen. Asplund verkoopt alleen

Overigens: de in 1888 geopende markthal was met zijn gedurfde plafondconstructie van glas en ijzer een novum in de Zweedse architectuur eind 19e eeuw. De voor die gietijzeren draagconstructie verantwoordelijke architect Kasper Sahlin oriënteerde zich vooral op Franse ingenieurskunst, terwijl de baksteenarchitectuur van zijn partner Clason Duitse voorbeelden had.

het beste meubilair en stijlvolle huishoudelijke accessoires. In de parallelstraat Nybrogatan, die naar Nybroplan loopt, is **Designtorget** 🔳 (www.designtorget. se, Nybrogatan 16) een goed adres voor jong gedurfd design; de hier aangeboden artikelen zijn prachtige souvenirs en passen meestal zelfs in de handbagage.

Alternatief en origineel

De praktische en decoratieve artikelen, die **Afroart** 🔳 (www.afroart.se, Nybrogatan 29, zie ook blz. 101) verkoopt, komen niet alleen uit Afrika. Het idee van het sinds 1967 bestaande project: Zweedse designers ontwerpen, ambachtslieden uit alle delen van de wereld produceren – en volgens plaatselijke tradities, van Bangladesh tot Oezbekistan. Dat resulteert in mooi vormgegeven voorwerpen uit eerlijke handel. **Svensk Slöjd** 🔳 (www. svenskslojd.se, Nybrogatan 23) handelt daarentegen in uitsluitend in het land geproduceerde artikelen, van wollen sokken tot handdoeken en tafeldecoratie.

Luxueuze passage Sturegallerian

Wie in deze glazen passage gaat winkelen, wil zeker ook graag gezien worden. Daarom zijn er ook genoeg cafés met terras in de **Sturegallerian** 🔳.

6 Östermalms saluhall

De winkelpassage rondom het na een brand in 1997 weer in stijl herbouwde Sturebadet (zie hieronder) verenigt onder zijn dak ongeveer vijftig restaurants en winkels, die fraai vormgegeven papierwaren, boeken, sieraden en exclusieve mode bieden (Grev Turegatan 9A, hoofdingang van Stureplan, ma.-vr. 10-19, za. 10-17, zo. 12-17 uur).

Openingstijden

Östermalms saluhall: ma.-do. 9.30-18, vr. 9.30-19, za. 9.30-16 uur; voor de winkels gelden dezelfde tijden.

Wellness met stijl

Het gerestaureerde jugendstilbad **Sturebadet** ▊ zorgt voor optimale ontspanning in een stijlvolle omgeving, diverse wellnessaanbiedingen, bijv. een kuurdag incl. sauna, fitnesstraining en aromatherapie vanaf SEK 495 (www.sturebadet. se, ma.-vr. 6.30-22, za., zo. 9-19 uur, toegang vanaf 18 jaar).

Pauze in het park

Humlegården, Stockholms 'Hoppegarten' (hoptuin) en het kleine rondeel om het beeld van Linné is een welkome oase van rust voor de mensen die even genoeg van het winkelen hebben. Wie zin heeft, kan in de koninklijke bibliotheek, **Kungliga Biblioteket** ▊, de nationale bibliotheek van Zweden, een van de vele duizenden boeken in de leeszaal bestellen of een boekententoonstelling bezoeken (www.kb.se, ma.-do. 9-18, vr. 9-17, za. 11-15 uur).

Östermalm bij nacht

Wie met boemelaars rondom Stureplan op stap wil gaan, dient over een vette bankrekening te beschikken. De etablissementen in Östermalm gelden als duur en exclusief; hier laat men zien dat men geld heeft en de portiers letten behalve op de leeftijd (zie blz. 107) ook op kleding. Populair is **Svampen** ▊ aan Stureplan; het paddenstoelvormige regendak (*svampen* – paddenstoel) van beton is niet over het hoofd te zien (oorspronkelijk uit 1937, in 1990 opgeknapt). Hier beginnen nachtbrakers aan hun parcours naar gelegenheden als **Sturecompagniet** ▊ (www. sturecompagniet.se, do.-za. 22-3 uur, leeftijdsgrens 23 jaar) of **Spy Bar** ▊ (zie blz. 109), landelijk bekend als trefpunt van sterren en sterretjes. Op zwoele zomeravonden gaat men graag door in de openluchthoreca in de nabije Humlegården. Dat geldt ook voor de aan het Berzeliipark gelegen coktailbar van **Berns** ▊ (zie blz. 107); dit etablissement uit de 19e eeuw figureert in August Strindbergs roman 'De rode kamer'.

⑦ Zwerftocht door de moderne kunst – Moderna Museet

Kaart: ▶ G 6
Vervoer: Bus 65, Djurgårdenveer

Stockholm geldt als hoofdstad van Scandinavië inzake design en hedendaagse kunst. Moderna Museet toont de grootste en beste collectie moderne kunst van Zweden, van de klassiek-modernen als Roy Lichtenstein en Andy Warhol tot werk van de interessantste moderne kunstenaars. Naar binnen!

Op de helling beneden het museum wijst het door bonte 'Nana's' en roestige fantasiewerktuigen bevolkte **'Paradis fantastique'** (1966) van het kunstenaarspaar Niki de Saint-Phalle en Jean Tinguely u reeds de weg, op het terrein wordt u begroet door Alexander Calders mobile **'De vier elementen'** (1961).

Tijdlijn door de moderne kunst

De interessante collecties van het **Moderna Museet** 🖼 kunnen zich beslist meten met die van musea in New York of Parijs. Van de 6100 schilderijen

en sculpturen, 350 bewegende objecten en meer dan 31.000 tekeningen en grafische werken, foto's, video's en films wordt natuurlijk maar een fractie tentoongesteld, waarbij dikwijls wordt gewisseld. Bovendien zijn er diverse malen per jaar uitstekende wisselende tentoonstellingen, die geregeld resulteren in de (her)ontdekking van een kunstenaar of kunstenares.

Het museum in Stockholm bezit talrijke toonaangevende werken van de moderne kunst. De gang voert door de 20e tot in de 21e eeuw, gegroepeerd in drie afdelingen, van de klassiek-modernen vanaf 1900 via de oorlogstijd en de naoorlogse tijd vanaf 1940 tot in de tegenwoordige tijd vanaf 1970. De keuze om helemaal aan het einde van de hal in de laatste zaal te beginnen en de ontwikkeling van de westerse moderne kunst chronologisch te volgen of in omgekeerde volgorde, is geheel en al aan u.

De Nieuwe Tijd

Begin 20e eeuw stelde de 'Nieuwe Tijd' (Ny Tid 1900-1940) de kunst vragen, die haar tot op de huidige dag bezighouden. Het begin maakten expressionisten als Emil Nolde en Edvard Munch. De scheidslijn tussen kunst en alledaagse voorwerpen hebben de readymades van Duchamp en zijn indrukwekkende installatie 'Rotoreliefs' (1935) tot onderwerp, terwijl de grappig-mysterieuze objecten van Meret Oppenheim tot thema hebben hoe we de realiteit waarnemen. In de diepten van het onderbewustzijn doken ook surrealisten als Salvador Dali, Max Ernst en Giorgio de Chirico. Bij anderen ging het om de radicale ontbinding van de vorm, zoals kubisten als Picasso, Braque en Juan Gris, fauvisten als Matisse tot aan abstracte kunstenaars als Wassily Kandinsky.

Gedurende de Tweede Wereldoorlog en daarna

Toekomst, Framtid (1940-1970) – zo betitelt de expositie de afdeling oorlogstijd en de naoorlogse jaren – wordt beheerst door twijfels aan hoge idealen, maar ook door de fascinatie voor de schone schijn van de consumtiegoederen binnen het westerse welvaartskapitalisme. Het spectrum reikt van pop art tot minimal art, Warhol huldigt met zijn gigantische lila bloemen 'Ten Foot Flowers' het triviale. Deformatie als kunstvorm karakteriseert de eigenwillige sculpturen van Alberto Giacometti, zoals bij de op grote voet levende 'Grande Figure' (1949). Werken in groot formaat en met felle kleuren hebben kunstenaars van het abstracte expressionisme met hun action painting voortgebracht, onder anderen Jackson Pollock en Willem de Kooning. Populairste klassieker uit de naoorlogse tijd is ongetwijfeld Picasso's 'Tête de femme' (1957).

Fotokunst vormen de zwartwit-'portretten' van hoogovens, watertorens en gashouders van de fotografen Hilla en Bernhard Becher. Zweedse kunstenaars vormen een uitzondering in de expositie, tot de weinigen behoren de kunstenaressen Barbro Östlihn (1930-1995) en Siri Derkert. Blikvangers die de zaal beheersen zijn de reliëfachti-

De voor de admiraliteit gebouwde garnizoenskerk op Skeppsholmen

ge schilderijen van Donald Judd (geb. 1928), Minimal Art, waaronder ook een bijna drie meter in het kwadraat metende rode vorm (1965, 'Untitled').

Hedendaags en internationaal

Na 1970 gaan kunstenaars het minimalisme huldigen, zoals de Fransman Daniel Buren (geb. 1938) met zijn neutrale, tot basisstructuren gereduceerde gestreepte werken. Anderen ontdekken film en video. Daarvoor is een aparte ruimte ingericht, Videopassages, waar films en videokunst worden getoond. In de afdeling hedendaagse kunst neemt de 'Bachsuite' van Gerhard Richter (geb. 1932) de meeste plaats in: vier vierkanten in een zaal met een fraai uitzicht over het water en het Nordiska Museet. Ook de globalisering gaat niet spoorloos voorbij aan de moderne kunst, zoals hedendaagse schilderijen uit alle delen van de wereld, bijvoorbeeld uit Thailand of Iran, aantonen.

Openingstijden

Moderna Museet: Skeppsholmen, www.modernamuseet.se, di. 10-20, wo.-zo. 10-18 uur, SEK 80.

Bezienswaardig in de omgeving

Wie belangstelling heeft voor architectuurgeschiedenis, moet beslist eens een bezoek brengen aan het **Arkitekturmuseet** ② in hetzelfde gebouw als het Moderna Museet (www.arkitekturmuseet.se, di. 10-20, wo.-zo. 10-18 uur, SEK 50). Maquettes van alle stijlbepalende gebouwen van de wereld.

Boeiend is de presentatie van de 6000 jaar oude Chinese cultuur in het **Östasiatiska Museet** ③ (www. ostasiatiska.se, di. 11-20, wo.-zo. 11-17 uur, SEK 60): rituele vaten van keramiek, brons en jade – de collectie gaat terug op het werk van de Zweedse onderzoeker Johan Gunnar Andersson, die in de jaren twintig van de 20e eeuw de magie van het oude China hielp ontraadselen. Bovendien o.a. boeddhistisch beeldhouwwerk en wisselende tentoonstellingen met kunst uit het Verre Oosten.

Wandeling naar Kastellholmen

Vanaf de 17e eeuw had de marine de kleine eilanden midden in het centrum van Stockholm vast in handen. Daaraan herinneren o.a. de garnizoenkerk Skeppsholms kyrka, het admiraliteitshuis en het zeilschip **'af Chapman'** ④ (thans STF-Vandrarhem, zie blz. 89) alsmede de voormalige kazerne (tegenwoordig kunstacademie). Vanaf het ridderburchtachtige kasteel op **Kastellholmen** ⑤ worden nog altijd bij bepaalde plechtigheden saluutschoten gelost.

Eten en drinken

In **Café Blom** in het Moderna Museet kijkt u door grote ramen over het water uit; dagschotel ca. SEK 90-120.

8 Schepen en lotgevallen – Vasamuseet

Kaart: ▶ G/H 5/6
Vervoer: Bus 44, 69, 76, Tram, Djurgårdenveer

Krakende scheepsplanken, teerlucht en golving staat u te wachten bij de Vasa, het in 1628 gezonken koninklijke vlaggenschip met een eigen museum aan het water. De spectaculaire berging, de verbazingwekkende vondsten, het leven op een slagschip in de 17e eeuw en de oorzaken van de ondergang vormen het thema van deze zeldzame tentoonstelling.

De scheepsramp en de oorzaken ervan

In haar tijd was de Vasa de trots van de Zweedse marine – het grootste schip van de Oostzee, misschien zelfs van de wereld, een bijzonder prestigeproject van koning Gustav II Adolf, die later ingreep in de Dertigjarige Oorlog. Een groot oorlogsschip zoals dit, een vlaggenschip, had veel weg van een drijvende burcht. Het bood plaats aan meer dan 400 opvarenden, merendeels soldaten. De Vasa was uitgerust met 64 bronzen kanonnen, andere soorten geschut en tonnen munitie. Tot het jaar 1628 waren voor het schip 1000 eiken gekapt; het werk op de werf duurde drie jaar. De tewaterlating op 10 augustus moest een groot feest worden. Maar nadat de zeilen aan de tot meer dan 50 m hoge masten waren bevestigd, kapseisde de Vasa met circa 100 bemanningsleden aan boord bij een zwakke wind. Het schip verging tijdens zijn eerste tocht, waarbij ongeveer 50 mensen verdronken. De kapitein werd ingerekend en er volgde een diepgaand onderzoek naar de oorzaken.

De kapitein bleek al snel onschuldig te zijn. Vermoedelijk bracht de disbalans tussen de opbouw met overdadige versiering en de romp het schip in de fatale positie, die het bij een zwakke zijwind liet omslaan.

Berging en restauratie

Meer dan 300 jaar lag de Vasa op de bodem van de Oostzee, alle pogingen om het schip te bergen waren mislukt, zelfs de positie van het wrak was in de vergetelheid geraakt. Een doelgerichte zoektocht van een onderzoeker leidde tot de herontdekking van de Vasa. In 1957 begonnen de bijna vier jaar durende bergingswerkzaamheden. Eenmaal in het droogdok kon het schip deel voor deel worden gerestaureerd, waarbij gebruik werd gemaakt van toentertijd nieuwe chemische procédés, die de aftakeling van het met complete versieringen en alle uitrustingen volledig bewaard gebleven oorlogsschip tegen konden gaan. Hiermee bleef een uniek stukje historisch erfgoed voor het nageslacht behouden.

Het museum

Het was niet gemakkelijk om een dergelijk museumstuk goed te presenteren, derhalve moest er een museum voor verrijzen. Het in 1990 geopende **Vasamuseet** 1 werd speciaal voor zijn eigen reusachtige museumstuk ontworpen. Dat vond, plankje voor plankje weer in elkaar gezet, plaats in het op een schip lijkende bouwsel aan het water en is nu in detail en in zijn volle lengte van meer dan 52 m weer te bewonderen – een barok kunstwerk. Neem de tijd om de overdadige versierde scheepswanden van alle kanten te bewonderen en te genieten van de prachtige barokke figuren.

De sculpturen

Of het nu gaat om de indrukwekkende rijkdom aan ornamenten rondom het wapen op de achtersteven of om de meer dan 3 m grote galjoensfiguur van een springende leeuw – een toespeling op de bijnaam van Gustav II Adolf, 'leeuw van het noorden' –, oorspronkelijk was al het houtsnijwerk, vervaar-

> **Overigens:** dat de Vasa zo gaaf is gebleven, is te danken aan het geringe zoutgehalte van het Oostzeewater. Dat heeft het eikenhout behoed voor het sloopwerk van de scheepsworm, aartsvijand van alle houten schepen, die alleen in water met een bepaald zoutgehalte kan gedijen.

digd door specialisten uit Holland en Duitsland, in kleur uitgevoerd. Er worden wat reproducties getoond, om een indruk te geven van de oorspronkelijk kakelbonte decoratie van het tegenwoordig veeleer somber aandoende oorlogsschip.

Hoe leefde men aan boord?

De Vasa droeg een rijke schat in haar buik. De talrijke vondsten, waaronder houten lepels, tinnen vaatwerk, gereedschap, glaswerk, stenen pijpen, bordspelen, kledingstukken en meer dan 4000 munten laten u kennismaken met het leven aan boord van een oorlogsschip ten tijde van de Dertigjarige Oorlog en bieden u een reis in de tijd naar de 17e eeuw. Maar ook over de ingewikkelde restauratie en technische zaken krijgt u interessante informatie. Een bezichtiging, waarvoor u een halve dag kunt uittrekken.

Museumschepen van heel dichtbij

Enthousiaste waterratten komen buiten voor het museum van heel dichtbij in aanraking met krakende scheepsplanken. Daar liggen schepen voor anker, die men in tegenstelling tot de Vasa wel betreden mag. Het zijn de beide **Museifartygen** 2 (museumsvaartuigen) Sankt Erik, een ijsbreker uit 1915, en het lichtschip Finngrundet uit het jaar 1903.

Hoe kleurrijk de sculpturen van de Vasa oorspronkelijk zijn geweest, toont deze reconstructie

Openingstijden

Vasamuseet: www.vasamuseet.se, juni-aug. dag. 8.30-18, anders ma., di., do.-zo. 10-17, wo. 10-20 uur, SEK 110 (wo. 17-20 uur: SEK 80). Niet verzuimen: een film toont het moeizame en tijdrovende precisiewerk bij de berging en restauratie.

Met de boot

Wie op gepaste wijze over het water naar het museum wil gaan, die kan de veerboot nemen vanaf Slussen (hele jaar) of Nybrokajen ('s zomers) direct naar de aanlegsteiger bij het Vasamuseet.

In de buurt

Een uitstapje naar het mariene leven in de tropen presenteert het aangrenzende **Aquaria Vattenmuseum** 3 (www.aquaria.se, midden juni-aug. dag. 10-18, anders di.-zo. 10-16.30 uur, SEK 80). Maar u kunt ook het leven van de inheemse Oostzeefauna bestuderen. Het terras van het museumcafé biedt een prachtig uitzicht over het water.

Eten en drinken

Lunch in de museumcafés van het Vasamuseet of Aquaria Vattenmuseet en bij **Josefina** 1 (zie blz. 97) of **Café Blå Porten** 2 (zie blz. 93).

Actief

Kanoverhuur bij **Djurgårdsbrons Sjöcafé** 1 bij de brug; ook waterfietsen, inlines en fietsen (zie blz. 26).

Kaart: ▶ H/J 5/6
Vervoer: Bus 44, Tram, Djurgardenveer

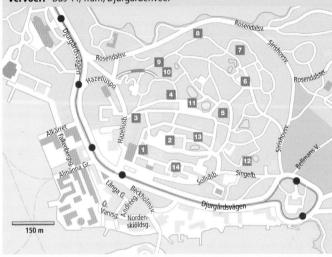

In 's werelds oudste openluchtmuseum komt u meer te weten over land en bevolking dan tijdens een tocht naar de Noordkaap. In Skansen is altijd wel iets te beleven, zoals midzomerdag of het Luciafeest, markten, volksdansen en volksmuziek. De historische gebouwen geven een indruk van het leven van alledag en de terreinen met beren, elanden en rendieren van de natuur in Zweden. Een uitstapje van een hele dag voor de hele familie.

Het openluchtmuseum Skansen is Zweden in het klein: van zuid naar noord en van onder tot boven ligt het hele land uitgespreid op een heuvel. Zo ligt Skånegården, de Zuid-Zweedse hofstede met weelderige landerijen, helemaal beneden, en moeten er tot bij de rendieren in de bergen van Lapland de nodige meters worden geklommen.

Zo ging het vroeger op het dorp

Vanaf de hoofdingang helpt een roltrap bij de beklimming van de eerste helling. Alvorens deze te beklimmen, kunt u in het **Tobaks- och Tändsticksmuseet** ① (www.ttmuseum.nu, di.-vr. 11-15, za., zo. 11-16 uur) het lucifermonopolie en de rookcultuur uit lang vervlogen tijden bekijken – zelfs in Zweden werd ooit tabak geteeld! Met de roltrap gaat u omhoog naar het openluchtpodium **Solliden** ②, het toneel van massaspektakels en nationale feesten als midzomerdag of het Luciafeest. Het leven in een Zweeds provinciestadje uit het midden van de 19e eeuw leert u kennen in de met kinderkopjes geplaveide steegjes van **Stadskvarteren** 3, de 'stadswijken', waar u glasblazers, pottenbakkers, meubelmakers en andere handwerkslieden aan het werk kunt zien (rommelwinkeltjes, souvenirs).

De boer op!

Älvrosgården 4 is een houten boerderij uit Midden-Zweden. Binnen wordt geweven en gebreid, bij een gezellig knappend vuurtje hangt de was te drogen. Op het erf fiedelen 's zomers zo nu en dan volksmuzikanten oude wijsjes – raadpleeg het programma.

De volgende attractie is de houten toren van de **Seglora kyrka** 5. Veel trouwparen komen met de paardenkoets naar de bijna 300 jaar oude houten kerk uit het westen van Zweden om zich in de echt te laten verbinden. De aangrenzende akker wordt nog met een paard geploegd en het hooi in de wei met de hand gekeerd.

Beer en eland

De uitkijktoren **Bredablick** 6 is het volgende excursiedoel. De toren werd in 1876 gebouwd in opdracht van de lijfarts van Oskar II. Hij was ervan overtuigd dat een mooi uitzicht een geneeskrachtige werking had. Hij is hier in 1881 berooid gestorven. In het torencafé kunt u op verhaal komen, alvorens naar de **Björngrottan** 7 te gaan. De jonge speelse beren zijn een publiekstrekker van Skansen. Met andere Scandinavische wilde dieren kunt u kennismaken in het omringende bosgebied: elanden, lynxen en wolven ravotten op omheinde terreinen en zeehonden in het zeewaterbassin.

Op de alm

Het oudste gebouw van Skansen staat helemaal boven op de berg met een prachtig uitzicht op de stad: **Vastveitloftet** 8, een houtopslagplaats, die sinds de 14e eeuw vlak bij de Noorse grens heeft gestaan, voor-

In Skansen worden volksdansen uit diverse Zweedse streken uitgevoerd

dat hij hierheen verhuisde. Het zomerkamp van de Sami en hun rendieren in de woeste bergen van Lapland, **Samevistet** 9, brengt u helemaal in het hoge noorden. Tijdens de afdaling passeert u **Fäboden** 10. Deze bergweiden bestaan nog steeds in het Noord- en Midden-Zweedse bergland. Runderen en geiten, die uitstekend aangepast zijn aan het ruige bergleven, leveren melk, waarvan ter plaatse dikke zure melk en kaas wordt gemaakt – misschien kunt u proeven of bij het werk toekijken.

Hoe men in het zuiden woonde

Wederom bergafwaarts, langs de **Bollnästorget** 11 met een podium voor volksmuziek en volksdans gaat de excursie verder naar de **Skånegården** 12. De vierkante boerderij uit het diepe zuiden van Zweden werd gebouwd in vakwerk op een fundament van dikke veldstenen – een prachtig gezicht, vooral de tuin. Iets verderop ziet u gotlandschapen en -paarden, oude, reeds in de middeleeuwen bekende huisdierrassen, die zich op het eiland Gotland hebben weten te handhaven.

Overigens: Skansen was in 1891 's werelds eerste openluchtmuseum. De stichter en conservator van het Nordiska Museet, Arthur Hazelius, wilde met een nieuw museumconcept het dagelijks leven van de verschillende regio's van Zweden onder de aandacht brengen en de kennis van oude technieken en ambachten voor het nageslacht bewaren. In Skansen worden oude ambachts- en bouwtechnieken uit alle delen van Zweden in de praktijk gebracht, cursussen gegeven in oude restauratietechnieken en gebruiksvoorwerpen nog net zo gebruikt als in vroegere tijden.

Als u niet de uitgang Sollidsporten kiest, kunt u door de fraaie lindenlaan van **Skogaholms herrgård** 13 doorwandelen naar de hoofdingang. De herenboerderij van een mijneigenaar uit Midden-Zweden oogt als een stenen gebouw – een goede imitatie van hout, volgens de regels van stand ingericht in edele gustaviaanse stijl (late 18e eeuw).

Openingstijden

Skansen: www.skansen.se, terrein okt.-apr. dag. 10-15/16 (in het weekend langer), mei-midzomer, sept. 10-20, midzomer-aug. 10-22 uur; gebouw mei-sept. dag. 11-17, ander 11-15/16 uur, SEK 70-120 afhankelijk van het seizoen.

In de tropen

Skansen-Akvariet 14 (extra entree SEK 90) lokt zijn bezoekers in een tropisch regenwoud met veilig in terraria gehuisveste giftige kikkers, slangen en spinnen, maar ook vleermuizen, papegaaien en lemuren, die in de grote kas zonder tralies van dichtbij kunnen worden bewonderd.

Eten en drinken

Op het terrein zitten diverse vrij dure restaurants. Snackbars bieden het hoognodige. Er zijn tafels en banken voor picknickers.

Vervoer in het openluchtmuseum

Bergtrein vanaf ingang Hazeliusporten (hele jaar), **paardenkoets** of **minispoor** (alleen 's zomers, allemaal extra kosten).

⑩ Rijke natuur en prachtige kunst – Djurgården

Kaart: ▶ J/K 5-7 en oostelijk
Vervoer: Bus 44, Tram tot Waldemarsudde, terug met Bus 69 vanaf Blockhusudden of Thielska Galleriet

Stockholm is 's werelds enige grote stad met een nationaal park in de binnenstad. Intacte natuur binnen handbereik – dat beviel ook schilder-prins Eugen, die net als de bankier en kunstverzamelaar Thiel op Djurgården een jugendstilvilla liet bouwen – kunstjuweeltjes tussen knoestige eiken en wilde bospaden.

Het koninklijke jachtgebied (Djurgården betekent 'dierentuin') wist zich aan de bouwwoede van de 19e en 20e eeuw te onttrekken – daarmee leek zijn 'loopbaan' als uitverkoren villawijk uitgestippeld. Maar in 1906 en 1913 besloot de Rijksdag de beginnende ontsluiting van Södra Djurgården tegen te gaan en een groene long te behouden. Des te bezienswaardiger en kostbaarder is datgene wat aan bebouwing over is gebleven: exclusieve villa's

van de jugendstilarchitect Ferdinand Boberg, die tegenwoordig belangrijke kunstcollecties herbergen.

Een schilderachtige plek

Prachtig gelegen aan het water aan de zuidkant van Djurgården verschuilt zich **Prins Eugens Waldemarsudde** 1, de villa van de schilder-prins Eugen (1865-1947). In de met veel smaak en uitnodigend ingerichte ruimtes van deze villa is de kunstcollectie van schilder-prins Eugen te zien, de jongste zoon van koning Oskar II. Hij studeerde in Parijs schilderkunst en ontwikkelde onder invloed van het impressionisme een geheel eigen stijl. Er zijn vooral schilderijen te zien uit de privé-collectie van Eugen, met werken van veel van zijn kunstenaarsvrienden, onder wie Carl Larsson, Anders Zorn en Edvard Munch. Daarnaast vinden ook wisseltentoonstellingen plaats. Ook de tuin van de Italiaans aandoende villa is een lust voor het oog, die naar het water toe is onderverdeeld in terrassen en met sculpturen is verfraaid. Op een bank op een van de terrassen kunt u een een pauze inlassen om te kijken naar de zeilers, excursieboten en veerboten naar de scheren – het is een voortdurend komen en gaan.

Natuurlijke rijkdommen en een café in een idyllische tuin

De grote schat van Djurgården zijn de circa 200 oeroude eiken. Terwijl de tot dan toe uitsluitend aan de kroon voorbehouden bomen vanaf 1789 elders ten prooi vielen aan de zaag, bleven ze wel overal staan, waar de adel en koning bezittingen hadden. Thans zijn de knoestige oude bomen het domein van vogels en vleermuizen, zeldzame insecten en paddenstoelen, in totaal ongeveer 1500 planten- en diersoorten.

U wandelt dwars over het eiland (bord 'Gångväg') door het eikenbos tot aan de bedden en velden van de kwekerij **Rosendals Trädgård**. Deze verkoopt niet alleen mooie potplanten, bloembollen en fruit uit ecologische teelt, maar exploiteert ook een bij jonge ouders met kinderwagen populair tuincafé met serre, **Rosendals Trädgårdscafé** [1] (zie blz. 60). Het is een aangenaam tussenstation voor een kopje koffie, een koel drankje, een broodje of een lichte maaltijd als lunch.

Lustslot in het groen

Een heel klein stukje verder naar het oosten (bij de boulesbaan een paar treden af) ligt **Rosendals slott** [2], een lustslotje dat in 1827 werd gebouwd om koninklijke uitjes in het groen mogelijk te maken. De prachtige inrichting kunt u tijdens een rondleiding in ogenschouw nemen. De eerste Bernadotte, koning Karl XIV Johan, liet zijn lustslot op het groene eiland Djurgården in

Overigens: het in 1995 ingerichte, 27 km² grote Nationalstadsparken 'Ekoparken' bestaat voor bijna een derde uit water. Het strekt zich als een brede groene band uit van slotpark Ulriksdal in het noordwesten, via Hagaparken met de baai Brunnsviken tot een groot gedeelte van Norra Djurgården. Ook de eilanden Södra Djurgården, Skeppsholmen en Kastellholmen horen bij het park. In het zuidoosten omvat het nationale park nog de scheren Fjäderholmarna (zie blz. 72).

Franse empirestijl optrekken. De voormalige maarschalk van Napoleon was door de Zweedse Rijksdag bij gebrek aan een geschikte troonopvolger naar Zweden gehaald. Aan de voet van het slot komt u weer bij water, en hier moet u kiezen of u de korte of de langere van de twee routes langs de noordoever van het eiland volgt.

Alsmaar langs het kanaal

Kiest u de korte route, naar links, dan bent u na enkele honderden meters terug bij de Djurgårdsbron. Neemt u de lange variant, dan gaat u rechtsaf langs het Djurgårdsbrunnskanalen (bord 'Djurgårdsbrunn'). De weg volgt het kaarsrechte kanaal, dat het grote eiland in Södra en Norra Djurgården verdeelt. Na een poos krijgt u een brug in zicht, **Djurgårdsbrunnsbron,** die u links laat liggen, terwijl u het smalle Djurgårdsbrunnskanalen blijft volgen. Wie moe ist, kan de wandeling hier onderbreken, want er is een bushalte van lijn 69 over de brug.

Activiteiten voor natuurliefhebbers

Op warme, rustige zomeravonden in juli en augustus is de kans groot dat u hier jagende vleermuizen te zien krijgt.

Drie soorten komen in Stockholm heel veel voor: de noordse vleermuis, de dwergvleermuis en de grootoorvleermuis. Vlak voor de laatste brug (voor voetgangers) naar Gärdet en Norra Djurgården ligt rechts een wetland en het vogelmeer **Isbladskärret** 3, in voor- en najaar rustgebied voor trekvogels. In de hoge bomen aan de oever van het meer leeft permanent een kolonie blauwe reigers. Er staat een houten uitkijkplatform in het riet. Op de oostelijke landtong van Djurgården, **Blockhusudden,** begint het voor de Oostzee zo kenmerkende scherenlandschap, waarvan u vanaf een bankje kunt genieten.

Een villa voor de kunst

Toen de architect Ferdinand Boberg in 1904 in deze exclusieve villabuurt een domicilie voor de bankier en verzamelaar Ernest Thiel ontwierp, nam hij meteen een kunstgalerie in het ontwerp op. De jugendstilvilla presenteert **Thielska Galleriet** 4 de hoogwaardige kunstcollectie, die na het bankroet van Thiel in 1924 intact bleef en toegankelijk werd voor het publiek. Heel aantrekkelijk is dat de in oorspronkelijke stijl gerestaureerde en met elegant meubilair ingerichte villa het karakter van representatief woonhuis niet heeft verloren. De kunstcollectie is een eerbetoon aan de stroming van het 'noordse impressionisme', met werk van onder andere Bruno Liljefors, Nils Kreuger, Carl Larsson en Richard Bergh, en van Franse schilders als Vuillard en Toulouse-Lautrec. Indrukwekkend is de aan Edvard Munch gewijde ruimte met elf schilderijen van de Noor. In de villa wordt ook een groot deel van Munchs grafische werk gepresenteerd.

- -

Openingstijden

Prins Eugens Waldemarsudde: www.waldemarsudde.se, di., wo., vr.-zo. 11-17, do. 11-20 uur, SEK 95.
Thielska Galleriet: www.thielskagalleriet.se, dag. 12-16 uur, SEK 60.
Rosendals slott: www.royalcourt.se, juni-midden sept. di.-zo. 12-15 uur elk uur rondleidingen, SEK 70.

Eten en drinken

Behalve in een klein café in de Thielska Galleriet kunt u wat eten of drinken in **Prinsens kök** in Waldemarsudde en **Rosendals Trädgårdscafe** (www.rosendalstradgard.se, mei-sept. ma.-vr. 11-17, za., zo. 11-18, okt. di.-zo. 11-16 uur, ca. SEK 60-150); ook inkoop van producten van de kwekerij.

Fietsen op Djurgården

Bij de lange variant naar Blockhusudden (5 km; anders 2,5 km) kunt u het beste op een fiets overstappen. Fietsverhuur bij de brug bij Djurgårdsbrons Sjöcafé (zie blz. 26). Het dichtstbijzijnde City-Bike-station (zie blz. 19) is bij Gröna Lund.

Sightseeing per boot

Vaartochten door het Djurgårdsbrunnskanalen 's zomers (vanaf Strömkajen).

⑪ Etalages en stadspanorama – in Södermalm

Kaart: ▶ D-F 7
Vervoer: T-Slussen

De hoge kliffen aan de noordkant van Södermalm bieden het beste panorama van Stockholm, dat men zich wensen kan. Naast vergezichten verschaft 'Söder' – zoals het stadsdeel meestal kortweg wordt genoemd – ook een kijkje in meer dan 300 jaar stadsgeschiedenis. En de hoge dichtheid van kunstgaleries en kunstnijverheidswinkels garandeert bovendien winkelplezier vol verrassingen.

Stedelijk museum

Vlak bij de metrouitgang Slussen staat een mooi historisch bouwwerk, omstreeks 1670 ontworpen door hofarchitect Nicodemus Tessin de Oudere. Thans is daar **Stockholms Stadsmuseum** 1 gehuisvest, het stedelijk museum. Op het plein ervoor, Ryssgården, verkochten Russische kooplieden in de 17e en 18e eeuw hun waren. Het stedelijk museum trakteert

u op een boeiende tijdreis, die in 1252 begint. De geschiedenis van Stockholm wordt met multimediale ondersteuning nader verklaard.

Hornsgatspuckeln

Design en kunst staan in het middelpunt in de Hornsgatspuckeln. Aan het heuvelachtige begin van de Hornsgatan treft u een opeenhoping van galeries aan. Terwijl er voor het verkeer een doorgang in de rotsen werd aangelegd, konden dankzij protesten de oude stratenloop en vooral de oude bebouwing behouden blijven. In die huizen vinden nu makers

> **Overigens:** fans van de thriller van Stieg Larsson kunnen met behulp van een kaart de plaatsen van handeling in Södermalm bezoeken. Het Stadsmuseum biedt begeleide 'Millennium-Tours' (SEK 120).

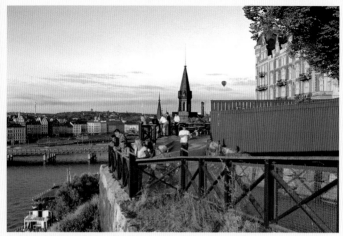

Avondwandeling over de Monteliusvägen met blik op de stad vanaf de klippen van Södermalm

van kunst en kunstnijverheid een passend kader voor hun ateliers: aantrekkelijk keramiek en glas bij **blås & knåda** ① (Nr. 26), opvallende sieraden bij **Metallum** ② (Nr. 30). Hier tegenover staat de oudste kerk van Södermalm, **Maria Magdalena kyrka** ②. In de huidige vorm werd het gebouw na een verwoestende brand in de complete stadswijk in 1760-1763 herbouwd; er restte nog maar weinig van een vroegere kerk uit de middeleeuwen. Het interieur in rococostijl is een kijkje waard en een gedenkplaat herinnert aan de troubadour uit de 18e eeuw, Carl Mikael Bellman.

Monteliusvägen

Bellmansgatan of Blecktornsgränd met vele treden voeren naar de Bastugatan en het mooiste wandelpad door een plantsoen op de Mariaberget: Monteliusvägen. Het uitzicht is van hierboven weer adembenemend: pal aan uw voeten ziet u de oude binnenstad en het eilandje Riddarholmen, en daarachter strekken zich ogenschijnlijk eindeloos de noordelijke wijken

Norrmalm en Vasastan uit: een stad van steen zo ver het oog reikt. Hier vindt u banken en tafels voor een picknick, evenals in het achter houten deuren verborgen **Ivar Los park** ③, een klein plantsoen, vernoemd naar de schrijver Ivar Lo-Johansson (1901-1990), aan wie hier vlakbij ook een museum is gewijd.

Mariatorget

Het plein voelt als een oase van rust met een fontein en veel groen – de eerste handelingen in de detectiveroman van Sjöwall en Wahlöö 'De gesloten kamer' spelen zich hier af, op een warme zomerdag op een parkbank op de **Mariatorget** ④. Het Stockholm van de jaren zestig en zeventig met een stolp van uitlaatgassen boven de stad behoort echter definitief tot het verleden. Via de Sankt Paulsgatan, met zijn talrijke kleine winkeltjes – muziek, kleding, antiek – komt u in de Götgatan terecht.

Winkelen op de Götgatsbacken

Achter het stedelijk museum verdwijnt het verkeer naar het zuiden in een tunnel – de Götgatan behoort in dit steile gedeelte, Götgatsbacken genaamd, toe aan de voetgangers. De verkeers-luwe winkelstraat huisvest veel interessante kleine speciaalzaken. Een adres voor jeansfans is **Weekday**  met een enorm assortiment van het Zweedse jeanslabel Cheap Monday (Götgatan 21). Ook doet men hier zaken met stoffen: sedert meer dan 25 jaar ontwerpt het kunstenaarscollectief Tiogruppen

stoffen met bizarre patronen en opvallende kleuren, die u in de winkel **1ogruppen** (Götgatan 25, www.tio-gruppen.com) per meter of als compleet product kunt kopen. In de winkelpassage **Bruno's** (Götgatan 36; met café) vindt u zaken van beroemde ontwerpers als Filippa K en David design.

- -

Openingstijden

Stockholms stadsmuseum:
Ryssgården, www.stadsmuseum.stockholm.se, di., wo., vr.–zo. 11-17, do. 11-20 uur, toegang gratis.
Maria Magdalena kyrka: do.-di. 11-17, wo. 11-19.30 uur.
Kunstgaleries Hornsgatspuckeln: di.-vr. 11-18, za. 11-15/16 uur.
Winkels Götgatsbacken: ma.-vr. 10-18/19, za. 11-16/18, vele ook zo. 12-17 uur.

Bezienswaardigs onderweg

Dankzij een megaorder van het koningshuis opende de laatste zijdeweverij van Zweden, **Almgrens Sidenväveri**, in 1991 opnieuw haar poorten. Alleen deze fabriek had de machinerie om de driehonderd jaar oude meubelstoffen uit slot Drottningholm te herstellen. Grondlegger Almgren keek rond 1820 in het Franse Lyon succesvol de kunst af en introduceerde het ambacht in Zweden (Repslagargatan 15 A, www. kasiden.se, midzomer-midden aug. ma.-za. 11-15, anders ma.-vr. 10-16, za., zo. 11-15 uur, rondleidingen (Zweeds) ma. 13 en 18 uur, wo., za., zo. 13 uur, SEK 65).

Uitnodigende cafés onderweg

Café Rival is herkenbaar aan de grote ramen aan de Mariatorget, 's zomers ook met tafels buiten. Aan

de hoge muren hangen foto's van beroemde culturele kopstukken uit Södermalm (ma.-wo. 8-20, do., vr. 8-22, zo. 9-18 uur): populair ontbijtlokaal en 's middags vanaf 11 uur als lunchgelegenheid (salades, soepen circa SEK 80-100), baksels uit de eigen bakkerij. Die heeft ook de **Konditori Chic** (Mariatorget/hoek Swedenborgsgatan), waar u gezellig kunt zitten met een krant en een gebakje bij de koffie.

Nog meer design

Konsthantverkarna (Södermalmstorg 4) is dé galerie voor het gerenommeerdste en grootste kunstenaarscollectief van Stockholm met een grote verscheidenheid aan materialen: glas, keramiek, textiel, hout en metaal.

⑫ Winkelen en feesten – een avond in 'SoFo'

Kaart: ▶ F/G 8
Vervoer: T-Medborgarplatsen of T-Skanstull

Bent u op zoek naar bonte mode, originele cafés, trendy restaurants, leuke bars en populaire clubs? Ga dan naar de wijk 'SoFo', afkorting van 'Söder om Folkungagatan' (ten zuiden van Folkungagatan). Voor de middag hoeft u hier overigens niet op pad te gaan: de winkels in Sofo openen pas laat de deuren en 's avonds wordt het hier pas echt levendig. Het ideale terrein voor nachtbrakers van allerlei pluimage.

Een goede basis

Eerste stopplaats zou **Pelikan** 🔳 kunnen zijn, waar u de inwendige mens voor een lange avond kunt versterken als in de goeie ouwe tijd. Klassiekers van de eenvoudige Zweedse burgerkost zoals gehaktballetjes, *köttbullar,* vormen een goede basis (gerechten rond de SEK 170-240). Hier drinkt men bier en gedistilleerd sinds 1904. De uitnodigende *ölhall* (bierhal) met een nostalgische atmosfeer was ooit trefpunt voor dorstige arbeiders van de talrijke fabrieken in het vroeger 'vuile' stadsdeel Södermalm (Blekingegatan 40, ma.-do. 16-24, vr., za. 13-1 uur).

Rondom Nytorget

Het nu zo vredige plein in het hart van SoFo, Nytorget, was in 1917 tijdens de Eerste Wereldoorlog, toen er voedselschaarste in Zweden heerste, het toneel van 'hongeroproeren'. Aan de oostkant van het plein staan nog enkele lage houten huizen uit de 18e eeuw, overblijfselen van de vroegere arbeiderswijk; de houten huizen zijn nu zeer in trek bij jonge mensen uit het chique, onconventionele circuit, die hun stempel op de wijk drukken – de *gentrification* is trouwens al in volle gang. Daarvan kunt u zich overtuigen bij **Nytorget Urban Deli** 🔳, dat tevens een geschikt startpunt voor de nachtelijke zwerftocht rondom Nytorget is –

een mengeling van chique biologische winkel en koel en nuchter bar-restaurant (zo.-do. 8-23, vr., za. 8-24 uur). In de aangrenzende **Urban Deli Bar**  kunt u aan de bar genieten van een snack of een mojito.

Hiertegenover zit **Roxy** , niet bepaald een kroegje op de hoek. Deze door vier dames geleide bar-lounge annex restaurant verzorgt op Spaanse leest geschoeide maaltijden (vanaf SEK 200) in een nostalgische ambiance, die niet alleen homo's en lesbiennes aantrekt (Nytorget 6, www.roxy sofo.se, di.-do. 17-24, vr., za. 17-1, zo. 17-23 uur). Voor de krappe beurs en populair bij een jong publiek is het **café String** , Nytorgsgatan 38. Hier kunt u tegelijkertijd winkelen en consumeren – de inrichting is te koop (www.cafestring.com, kleine gerechten vanaf SEK 75).

Op naar de bios!

Bij bioscopen – in het Zweeds *bio* – staan 's avonds vaak lange rijen. Daarom is het aan te bevelen om bioscoopkaartjes te boeken (zie blz. 110). De bioscoop **Victoria** aan de Götgatan, hoek Åsögatan behoort op Söder tot de populairste adressen. In Zweden worden films overigens niet nagesynchroniseerd, maar ondertiteld, zodat u met wat geluk een Engels- of Duitstalige film voorgeschoteld krijgt. Hier schuin tegenover rijst in het donker fel verlicht een markant flatgebouw op: **Skrapan**. In dit voormalige gebouw van de belastingdienst zijn filialen van modewinkelketens gevestigd en op de meeste verdiepingen zijn studenten gehuisvest – en helemaal bovenin biedt het restaurant Himlen met zijn bar **Och himlen därtill** een logeplaats op 80 meter hoogte (zie blz. 108).

Muziek, muziek!

Liever muziek? Dan is de **Pet Sounds Bar** (Skånegatan 80) schuin tegenover de gelijknamige cd-winkel **Pet Sounds** (nr. 53), bekend als trefpunt van indiefans, het juiste adres. Het jonge en oudere publiek (30-plus) is hier net zo bont gemengd als de klanken in de bar annex restaurant. Op de

In Café String kunnen gasten ook de inventaris kopen

Overigens: veel trendy restaurants en winkels houden zomerpauze of reduceren hun openingstijden tussen midzomer en de eerste of tweede week van augustus, wanneer half Stockholm grote vakantie viert.

benedenverdieping staat de muziek geheel in het middelpunt, ofwel op het kleine podium of als mix van een dj.

Modeparadijs voor individualisten

De winkel van **Grandpa** ③ (Södermannagatan 21) met de minimalistische inrichting, geaccentueerd door grappige details, behoort niet tot de domeinen van koopjesjagers – het prijsniveau ligt vrij hoog. Meteen om de hoek zit **Coctail deluxe** ④, de winkel bij uitstek voor kitsch (Skånegatan 71). Supertrendy: kakelbonte bizarre kleding met een jaren zestig flair. Het grootste assortiment tweedehandsspullen, merendeels uit voorraden uit

de VS, heeft de winkel in het souterrain van Åsögatan 144, **Beyond Retro Vintage Clothing** ⑤ (ma.-za. 10-18, zo. 11-18 uur). Een vruchtbaar terrein voor modefreaks is de straat Bondegatan. Bij **Lisa Larsson Secondhand** ⑥ (Bondegatan 48) bent u aan het juiste adres, als u op zoek bent naar chique kleding uit vroegere decennia. Hiernaast vindt u originele modellen van nog niet ontdekte hedendaagse modeontwerpers in de rekken en op de planken van **Tjallamalla** ⑦ (Bondegatan 46).

Rocknacht op de Medborgarplatsen

En dan de Götgatan op, richting Medborgarplatsen naar de – volgens velen – hipste club van de stad, in ieder geval voor de rockscene: **Debaser Medis** ⑤. Het is de moeite waard om er voor 22 uur naartoe te gaan, dan is de toegang gratis (zie blz. 109). Rock, pop, alles door elkaar, wordt 's zomers ook buiten ten gehore gebracht – cd's of livebands op het openluchtpodium.

- -

Openingstijden

'SoFo Nights' wil zeggen winkelen op elke derde donderdag van de maand tot 21 uur. In sommige winkels is er

dan ook livemuziek of worden er drankjes geserveerd. Daar staat tegenover dat veel zaken 's maandags gesloten zijn en 's morgens dikwijls pas later opengaan.

Meer eten en drinken

Te vol in de Pelikan? Liever exotische kost in plaats van eenvoudige? Alternatieven zijn een avondmaaltijd à la Thai bij **Koh Phangan** ④ (Skånegatan 57, www.kohphangan.se), Indiaas bij **Shanti** ⑤ (Katarina Bangatan 58, www.shanti.se) of vegetarisch bij **Chutney** ⑥ (Katarina Bangatan 19, www.chutney.se). Ze bieden allemaal gerechten vanaf ca. SEK 100.

13 Kunst op de klippen – Millesgården

Kaart: ▶ K 1
Vervoer: T-Ropsten, aansluitend bus over de brug tot Torsvikstorg, dan ca. 10 minuten lopen (of rechtstreekse bus 207)

Een mooier atelier kan een kunstenaar zich niet wensen. Het woonhuis annex atelier van het kunstenaarsechtpaar Carl en Olga Milles liggen op de rotsen van Lidingö, met uitzicht op de weidse watervlakte in de diepte, schilderachtig omlijst door dennenbomen, met lommerrijke hoekjes, klaterende fonteinen en bronzen beelden, die gewichtloos in de lucht lijken te zweven.

Werken van Carl Milles (1875-1955) zijn op veel plaatsen in Zweden te vinden, in straten, op pleinen, in parken als fonteinen en beelden of als reliëfs aan gebouwen. Hij was een van de succesvolste kunstenaars van het land, die ook in de VS beroemd werd. Milles ontwikkelde zijn vaardigheden onder andere in Parijs, waar hij vooral door het werk van Auguste Rodin werd geïnspireerd. Beïnvloed door beelden uit de oudheid ontwikkelde Milles een eigen stijl, die decoratieve kleinschalige elementen en dramatische beweging verenigt. Werken in Stockholm zijn de Orpheusfontein voor het Konserthuset aan de Hötorget en het beeld Solsångaren in Strömparterren. Bijna al het werk van de beeldhouwer is echter verenigd in de tijdens zijn leven aangelegde beeldentuin Millesgården.

Klim naar klein Oostenrijk

Na binnenkomst in de in 1999 geopende moderne **Konsthall** 1, die wisselende tentoonstellingen presenteert, wandelt u langs diverse uitzichtterrassen en via trappen in het oudste en hoogste gedeelte van het complex. Daarbij passeert u het **graf van Carl en Olga Milles** 2 met een kleine kapel en kruisbeeld in alpenstijl en twee piëtabeelden uit de 15e en 16e eeuw,

Groeten uit de klassieke oudheid: bovenste terras in de Millesgården

die geenszins uit Oostenrijk, maar uit respectievelijk Duitsland en Frankrijk stammen. Het klein Oostenrijk (*Lilla Österrike*) geheten ensemble is gewijd aan Olga Milles, die Oostenrijkse was.

Kunstenaarsvilla annex atelier

Het **woonhuis** ③ bevindt zich op het bovenste terras, Övre Terrassen. Milles kocht het terrein op de rotsen van Lidingö in 1906 en liet de villa door zijn broer, de architect Evert Milles, bouwen. Eraan gebouwd is het **atelier van Carl Milles**, een reusachtige ruimte met een hoog, open dak, waar onder andere de gipsvormen voor de reliëfs van het theater Dramaten in Stockholm of voor het hoofd van het Poseidonbeeld in Göteborg een plaats vinden. Een film en diashow informeren over de bekendste werken van de kunstenaar.

Het contrast met het piepkleine atelier van Olga Milles (1874-1967), *munkcellen* (monnikencel) genaamd, kan bijna niet groter zijn. De uit Graz stammende portretschilderes was voor haar trouwen al een gevierde kunstenares. Er zijn ook werken te zien van Milles' zuster Ruth, die tekenares was. De **muziekkamer** is versierd met middel-

eeuwse houten beelden, schilderijen uit de 16e eeuw en wandtapijten uit Beauvais. Het woonhuis van de kunstenaars was van begin af aan geconcipieerd als museum. Het echtpaar Milles reisde veel naar plaatsen die in het teken staan van de kunst, onder andere naar Pompeii, en de collectie antieke, vooral Romeinse, beelden, behoort tot de beste van Zweden. Deze wordt tentoongesteld in de langgerekte galerie, **Galleriet**. Een binnenplaats, zuilen en mozaïeken zorgen voor een mediterrane ambiance.

Beeldenpark op verschillende niveaus

De feitelijke attractie van Millesgården is evenwel het terras met de imposante, op zuilen geplaatste beelden, een door Milles vaak gehanteerde kunstgreep om zijn werken te ensceneren. Het grootste is het zonovergoten **Nedre Terrassen** ④ (onderste terras) met uitzicht op het water 30 meter in de diepte. Het werd in de jaren vijftig speciaal voor een tentoonstelling van de kunstenaar aangelegd; hij plaatste er kopieën van zijn verkochte bronzen beelden. Boven vlakke stenen platen rijst een compleet sculpturenbos van '**Musicerende Engelen**' op. Het beroemdste werk van Milles is de '**Hand van God**' (1949/1954), o.a. in Tokio, Melbourne en Peking te vinden. Het in 1949 geconcipieerde werk '**God de vader op de regenboog**' is in een verkleinde versie vertegenwoordigd. De indrukwekkende bronzen sculptuur toont Carl Milles' voorliefde voor mythologische en bijbelse thema's. Het gigantische origineel van de waterstraal met de beide figuren (God en een engel kreeg pas in 1995 zijn plaats aan de kade van de nieuwbouwwijk Nacka Strand, waar zij die op weg zijn naar de Fjäderholmarna en naar de scheren de fonteinbeelden kunnen bewonderen (zie blz. 72).

Het grootste van Milles' fonteinbeelden '**Europa en de Stier**' (1926) siert het marktplein in het Zuid-Zweedse Halmstad. Eveneens heel opmerkelijk is de '**Poseidon**' (1930), waarvan het origineel op het Götaplatsen voor het kunstmuseum van Göteborg staat.

Op een warme zomerdag is het heel aangenaam om langs de klaterende fontein en het groen van **Mellersta Terrassen (bovenste en middelste terras)** ⑤ te wandelen en de vele bronzen en terracotta beelden te bekijken die Carl Milles in zijn bijna 50-jarige

> **Overigens:** in een in 1908 geschreven brief merkte Milles op, dat hij zijn atelierhuis op de klippen van Lidingö uitsluitend uit verlangen naar schoonheid had laten bouwen. En ergens anders schrijft hij: 'In gedachte heb ik het huis al op een edele manier verfraaid, die het beslist hier te lande tot een bezienswaardigheid zou maken, en ik geloof dat een kunstenaar daartoe verplicht is.'

beeldhouwersloopbaan heeft geproduceerd, deels originele, deels kopieën of modellen van grotere werken.

Annes Hus en rozentuin

Verzuim niet om op de terugweg een kijkje te nemen in de twee vertrekken van **Annes Hus** ⑥. De in 1951 als woning voor de huisbeheerder Anne Hedmark gebouwde bungalow werd in degelijke Svenskt-Tennstijl ingericht, naar ontwerpen van binnenhuisarchitecten Estrid Ericsson en Josef Frank. Het huis heeft ook als woning gediend van het echtpaar Milles, dat na een verblijf van twintig jaar in de VS in 1951 naar Zweden terugkeerde.

Openingstijden

Millesgården: Herserudsvägen 32, Lidingö, www.millesgarden.se, midden mei-sept. dag. 11-17, okt.-midden mei di.-zo. 12-17 uur, SEK 90.

Eten en drinken

In het leuke **Bistro-Café** ① kunt u de ontdekkingsreis in de wereld van de kunst van de jaren dertig tot vijftig aangenaam afronden. U zit in de rozentuin met uitzicht op de terrassen ('s middags ma.-vr. dagschotel SEK 89, hoofdgerechten vanaf ca. SEK 135).

14 Bezoek aan de koninklijke familie – uitstapje naar Drottningholm

Kaart: ▶ kaart 4
Vervoer: T-Brommaplan, dan Bus 301-323 (30-60 min.)

Het koninklijke architectonische ensemble bestaande uit een barok slot met talrijke kunstschatten, een uniek historisch theater en een Chinees kasteeltje in het uitgestrekte slotpark is een bezoek van een halve dag waard, nog mooier als daguitstapje met heenreis per boot over het Mälarmeer.

Het slot

Drottningholms slott ◼1 is beslist de mooiste van de drie werelderfgoederen van Stockholm, een volmaakt kasteelcomplex, waarvan de architectuur ook in het landschap is voortgezet. De terrassen strekken zich aan de tuinzijde ogenschijnlijk eindeloos uit, met aan de zijkanten kleine hoekjes met geometrisch vormgegeven buxushagen. De imposante **Herculesfontein** ◼2, waarvan het beeldhouwwerk als oorlogsbuit uit Praag werd meegenomen, herinnert aan de tijd dat Zweden nog over het hele gebied rond de Oostzee heerste.

In het gebouw zijn de hoogtepunten het trappenhuis met Italiaans pleisterwerk en marmeren beelden, en de slaapkamer van koningin Hedvig Eleonora, die verfraaid is met schilderijen, onder meer van de 17e-eeuwse Hamburgse hofschilder David Klöcker Ehrenstrahl, beeldhouwwerk van Burkard Precht, tapijten uit Delft en Engelse gobelins. Sinds 1981 bewoont de koninklijke familie de zuidvleugel.

Wandeling door het park

Op de wandeling door het park richting Kina slott passert u een prachtige wachttent, **Vakttält** ◼3, blauw en goudkleurig, die in 1781-1782 werd neergezet en net als de koperen tenten in het Hagaparken (zie blz. 76) als ondekomen diende van de paleiswacht. Tegenwoordig is er in het houten gebouw een tentoonstelling over de geschiedenis van het slot en de paleiswacht. Het Chinese kasteeltje **Kina slott** , dat na ongeveer 10 minuten lopen wordt bereikt, werd in 1753 – van hout – gebouwd als verjaardagscadeau voor Lovisa Ulrika. Deze Pruisische prinses, de zus van Frederik II, was in 1744 getrouwd met de Zweedse kroonprins Adolf Fredrik. Het koninklijke lustslot ademt nog altijd een betoverende sfeer en is met het uitwaaierende pagodedak een prachtig voorbeeld van de chinoiseriemode die in de 18e eeuw opgang deed: Chinees porselein, gelakt meubilair, gelakte lambriseringen en zijden tapijten zijn allemaal heel trouw aan het origineel gerestaureerd.

Slottheater en theatermuseum

Een rondleiding door **Drottningholms slottsteater**, het slottheater uit 1766,

is een belevenis, en hier een voorstelling zien is onvergetelijk (zie blz. 113). De hele inrichting, van het beeldhouwwerk en de akoestische voorzieningen tot de zaal met zes loges, is nog hetzelfde als in de tijd van theaterkoning Gustav III. In het tegenoverliggende theatermuseum zijn historische kostuums tentoongesteld en een film biedt een kijkje achter de coulissen. Te zien is hoe de techniek op het toneel in de 18e eeuw werkte, die bij huidige voorstellingen nog steeds wordt gebruikt – theaterdonder en een windmachine anno 1766.

Aflossing van de wacht

's Zomers vindt dagelijks om 12 uur op het terrein van het slot (bij het theatermuseum) het wisselen van de wacht plaats.

Openingstijden

Drottningholms slott: tel. 08 402 62 80, www.royalcourt.se, mei-aug. dag. 10-16.30, apr. en sept. 11-15.30, anders za., zo. 12-15.30 uur, SEK 80.
Kina slott: mei–aug. dag. 11-16.30, sept. dag. 12-15.30 uur, SEK 70, combiticket met slot SEK 120.
Theater: www.dtm.se, rondleidingen mei-aug. dag. 10-17, sept. 11-15.30 uur, SEK 90.

Heen en terug per boot

Elke morgen van begin april tot eind oktober vertrekken de historische schepen voor het Stadshuset (zie blz. 40) naar het slot Drottningholm; vaartijd vanaf Stadshusbron 1 uur. (heen/terug SEK 160, incl. combiticket voor het slot en Kina slott SEK 280).

Eten en drinken

In het bezoekerscentrum **Schweizeriet** kunt u in het restaurant/café op

verhaal komen na de wandeling door het park (mei-aug. dag. 9.30-17, sept. 10.30-16, okt.-apr. za., zo. 11-16 uur). Een souvenirwinkel biedt een overvloed aan cadeautjes met betrekking tot de Zweedse koninklijke familie – van boeken tot koffiekopjes.

⑮ Excursie naar de scheren – Fjäderholmarna

Kaart: ▶ kaart 4
Vervoer: per boot mei-begin sept. vanaf Slussen of vanaf Nybrokajen

Een scherenidylle met alles, wat daarbij hoort: de botenloods, het restaurant met terras bij de aanlegsteiger, de visrokerij, de rotsachtige baai en het zandstrand – alles bij elkaar en vooral de slechts een half uur durende vaartocht de Oostzee op zorgen voor een maritieme stemming en niet alleen bij de kinderen voor het ultieme Saltkrokangevoel.

Als het mooi weer is, trekken talloze Stockholmse gezinnen eropuit naar de vier 'eilanden in de stroom' – de naam Fjäderholmarna is afgeleid van Fjärdholmarna, 'eilanden in de vaargeul'. Midden tussen de met hoogbouw bezaaide eilanden aan de rand van de stad liggen ze als een idyllische microkosmos, – scheren als uit een fotoboek, die als onderdeel van het Ekoparken zijn beschermd. Kinderwagenvriendelijke paden omsluiten het terrein, met ook

een avontuurlijke speeltuin en een openluchttheater waar – hoe kan het ook anders – 'Vakantie op Saltkrokan' van Astrid Lindgren wordt uitgevoerd. Cafés, restaurant, souvenirwinkels en zwemgelegenheid zorgen ervoor, dat niemand zich hier hoeft te vervelen.

Oostzeecruise in het klein

Zodra de trossen losgegooid zijn aan de **Nybrokajen** 1 of aan de aanlegsteiger **Slussen** 2 – is het zaak om tijdens de korte boottocht de ogen open te houden, want u passeert enkele van de mooiste oevers van de stad aan het Oostzeestrand.

Meteen aan het begin glijden het eiland **Skeppsholmen** 1 (zie blz. 49) met de koepel van de **Skeppsholms kyrka** (19e eeuw) en de toren met kantelen van Kastellholmen voorbij, die het sinds de 17e eeuw als marinebasis dienende eiland domineren. Rechts troont als belangrijkste herkenningspunt de koepel van de **Katarina kyrka** ② (zie blz. 75) op de klippen van Södermalm.

Al gauw ziet u het typische silhouet van het Vasamuseet (zie blz. 52) in de inham links verdwijnen. De beboste oevers van Djurgården maken plaats voor een fraaie villa, met gele muren die de Oostzee-oever even op de Rivièra doen lijken. Van **Prins Eugens Waldemarsudde** ③ (zie blz. 58) leidt de oeverpromenade naar een kleine jachthaven, voordat de boot de oostpunt van Djurgården, Blockhusudden, achter zich laat.

Rechts duikt de futuristische architectuur van **Nacka Strand** ④ op en daavoor de sculptuur 'God de vader op de regenboog' van Carl Milles (zie blz. 69). Na de tussenstop in de toekomst – Nacka Strand geldt als richtinggevend woningbouwproject uit de vroege 21e eeuw – doet de aankomst bij de aanlegsteiger van **Stora Fjäderholmen** ⑤, het hoofdeiland, aan als een terugkeer in de goeie ouwe tijd. Houten loodsen omzomen de planken van de steiger, een rokerij verspreidt appetijtelijke geuren en kinderen staan in de rij voor een ijsje.

De brandewijnoorlog

Toch ging het er in de geschiedenis van de eilanden niet altijd zo vredelievend aan toe. Tot 1985 waren ze verboden militair terrein. Rond 1870, ver voor het staatsmonopolie op alcohol in Zweden, vormden ze het middelpunt van een prijzenoorlog om goedkope alcohol, toen de gewiekste brandewijnkoning L. O. Smith zijn klanten met gratis boten naar Stora Fjäderholmen bracht en in negen maanden tijd meer dan 1 miljoen liter brandewijn verkocht.

• •

Informatie

www.fjaderholmarna.nu; vervoer: tel. 08 12 00 40 00, www.stromma.se, duur 30 min., heen-/terugvaart SEK 100.

Bezichtiging

Er is een **botenmuseum** met historische vissersboten uit de scheren en een **brandewijnmuseum**, gewijd aan de alcohol; u kunt er mackmyrawhisky proeven (reserveren).

Eten en drinken

U kunt het beste een picknicktas inpakken, hoewel er op het eiland restaurants van verschillende prijsklassen zijn – de toeloop kan vooral in de zomervakantie groot zijn.

Winkelen

Tal van winkels verkopen souvenirs in de sfeer van de scheren: deurkloppers, koffiebekers, textiel met scheepvaartsmotieven en door ambachtslieden vervaardigde keramiek-, glas- of andere producten.

Kindvriendelijk

Stranden en een prachtige speeltuin verblijden ouders en kinderen. De meeste paden zijn kinderwagenvriendelijk geasfalteerd.

Attractiepark

Gröna Lunds Tivoli ▶ H 6

Djurgården, www.gronalund.com, bus 44, Djurgårdsveer vanaf Slussen, tram, mei-midden sept. vrijwel dag. (wisselende openingstijden, afhankelijk van programma), juli/aug. doorgaans 11-23/24 uur

Gröna Lund is een unieke speeltuin voor jong en oud, met avondshows en liveoptredens, eten en drinken, verkoop van prullaria en op elke hoek weer iets anders om te beleven. Circa dertig attracties zorgen voor amusement, zoals een ouderwetse schiettent, een draaimolen voor de allerkleinsten en de sfeer van een nostalgische rommelmarkt, maar ook kolossale attracties zoals het reuzenrad ('Pariser-hjul') en een 80 m hoge toren waar u uw vrije val kunt oefenen. Er is ook een ouderwetse draaimolen waarin u boven het water zweeft (zie blz. 6), en u kunt in het 'Lustiga Huset' proberen een trap te beklimmen (dit 'huis van plezier' bestaat al sinds 1917 en is een echte klassieker).

Gebouwen

Globen/Sky View ▶ buiten F 8

Globentorget, Johanneshov, www. globearenas.se, T-Globen, midden juni-midden aug. ma.-vr. 9-20, za., zo. 10-18, anders ma.-vr. 10-19, za., zo. 10-17 uur, vanaf SEK 120 (reserveren)

De grote witte koepel van 's werelds grootste bolvormige gebouw biedt op 130 m hoogte een van de mooiste uitzichten over de stad vanuit cabines die op rails aan de buitenkant tot aan de top rijden. Globen dient vooral als ijshockey- en concertarena.

Gustav III-paviljoen
▶ buiten C 1

Hagaparken, www.royalcourt.se, bus 515 vanaf Odenplan tot Haga norra grindar, rondleidingen juni-midden sept. di.-zo. 12, 13, 14, 15 uur, SEK 70 (combiticket met slot SEK 140, zie blz. 31)

Dit mooie koninklijke paviljoen (1780-1790), met een spiegelzaal en in goud en wit geschilderd, was met zijn so-

Kinderboekhelden van nabij meemaken

Junibacken, de plek waar de verhalen van Astrid Lindgren over Madieke zich afspelen, voert u mee naar een sprookjesland van de kinderliteratuur. U klimt in een gondel en zweeft langs de meest indrukwekkende taferelen uit de boeken van Astrid Lindgren (meertalige uitleg via koptelefoons). Het eindstation is Villa Kakelbont, waar de kleintjes even kunnen bijkomen van de inspannende tocht (▶ G 5, Galärparken, Djurgården, www.junibacken.se, juni, aug. dag. 10-17, juli 9-18, anders di.-zo. 10-17 uur, SEK 125, in de zomervakantie SEK 145, bus 44, tram, Djurgårdenveerboot).

bere elegantie het fundament voor de 'gustaviaanse' stijl van inrichten en is een interessant voorbeeld van de combinatie van natuur en architectuur die de rococo kenmerkte.

Kaknästornet ▶ K 4

Mörka kroken 3, Gärdet, www.kaknastornet.se, bus 69, ma.-za. 10-21, zo. 10-18 uur, SEK 40

Deze in 1967 voltooide betonnen toren, de centrale tv- en radiozender voor heel Zweden, is met 155 m een van de hoogste bouwwerken van de stad. De lift brengt u met een snelheid van 18 km per uur in 30 seconden naar het uitkijkplatform, waar u de hele stad overziet.

Katarinahissen ▶ F 7

Slussen, Södermalm, T-Slussen, midden mei-aug. dag. 8-22, anders 10-18 uur, SEK 10

Al sinds 1883 helpt een lift op de noordoever van Södermalm bezoekers de 35 m hoge rotsen te bestijgen. De huidige lift dateert van 1935 en voert naar een van de mooiste uitkijkpunten van de stad. U kijkt uit op Slussen, Gamla stan en op Djurgården.

Katarina kyrka en Katarinawijk ▶ F 7

Högbergsgatan 15, Södermalm, T-Slussen of Medborgarplatsen, ma.-vr. 11-17, za., zo. 10-17 uur, toegang gratis

De barokke kerk Katarina kyrka tekent met zijn opvallende koepel het silhouet van Södermalm. Het eind 17e eeuw naar een ontwerp van Jean de la Vallée opgetrokken centrale gebouw werd na een brand in 1990 in de oorspronkelijke stijl gerestaureerd, zoals in de 18e eeuw, toen het na een brand al een keer verwoest en vervolgens herbouwd was. Op het kerkhof ligt de in 2003 vermoorde minister van Buitenlandse Zaken, Anna Lindh. Via een trap bij de Katarina

kyrkobacke komt u in de stegen van de Katarinawijk, zoals Roddargatan en Fiskargatan. Daar herinneren de oude houten huizen aan de kleinstedelijke idylle van de 17e eeuw. Hier hebt u tussen de huizen door steeds weer andere, spannende doorkijkjes.

Operan ▶ F 5

Gustav Adolfs torg, Norrmalm, www.operan.se, T-Kungsträdgården, bus 2, 63, 65, rondleidingen aug.-mei za. 13 uur (kaartjes vanaf ma. 12 uur, SEK 75)

Het huidige operahuis (Operan) – van buiten neorenaissancistisch, van binnen neobarok – werd in 1889 geopend, nadat zijn voorganger vanwege brandgevaar was afgekeurd. In die voorganger was in 1792 een aanslag gepleegd op Gustav III, die in 1773 het instituut van de koninklijke Zweedse opera in het leven had geroepen. Het prachtige interieur, met schilderingen van onder andere prins Eugen en Carl Larsson, mag u niet missen – het liefst natuurlijk tijdens een opera- of balletvoorstelling (zie blz. 113), maar anders tijdens een rondleiding.

Riddarholmskyrkan ▶ E 6

Riddarholmen, www.royalcourt.se, T-Gamla stan, bus 3, 53 naar Riddarhustorget, juni-aug. dag. 10-17, midden-eind mei en begin-midden sept. 10-16 uur, SEK 30

De grafkerk van de Zweedse vorsten, met de gietijzeren spits (uit 1840) op de in totaal 90 m hoge toren, is ontstaan uit een kloosterkerk van de franciscanen uit 1280. De kalkschilderijen en het graf van Magnus Ladulås (1290) voor het altaar resteren uit de middeleeuwen. De grafkapellen van latere dynastieën, van de Vasa's tot de Bernadottes, weerspiegelen de wisselende smaak: nu eens pompeus, dan weer sober. Gustav II Adolf en Karl XII liggen hier begraven, net als Gustav V, de over-grootvader van de huidige koning.

Riddarhuset ▶ E 6

Riddarhustorget 10, Gamla stan, www.riddarhuset.se, T-Gamla stan, bus 3, 53 tot Riddarhustorget, ma.-vr. 11.30-12.30 uur, SEK 50

Dit in 1641–1674 gebouwde 'ridderhuis' is met zijn vergulde schoorstenen en de sierlijke façade een van de mooiste barokke gebouwen van Zweden. Als register van de Zweedse adel zijn hier meer dan 2300 wapens gedeponeerd.

Riksdagshuset ▶ F 6

Riksgatan 3, Helgeandsholmen, www.riksdagen.se, T-Kungsträdgårdenn, bus 3, 53 naar Riddarhustorget, rondleidingen 's zomers ma.-vr., winter za., zo. (ook in het Engels), toegang gratis

Het massieve gebouw van de Zweedse Rijksdag beslaat sinds het einde van de 19e eeuw bijna de helft van het eiland Helgeandsholmen. Nadat in 1971 werd overgestapt van een twee- naar een ééhnkamerparlement, werd de vergaderzaal verplaatst naar het voormalige pand van de rijksbank ernaast. In de halfronde glazen veranda, waarin het water van Strömmen zo mooi wordt weerspiegeld, bevindt zich de publieke tribune.

Stadsbiblioteket ▶ D/E 3

Sveavägen 73 (hoek Odengatan), Vasastaden, www.biblioteket.stockholm.se, T-Odenplan, bus 2, 4, ma.-do. 9-21, vr. 9-19, za., zo. 12-16 uur, toegang gratis

Met de in 1924–1928 gebouwde stadsbibliotheek schiep architect Gunnar Asplund een uitnodigende en eerbiedwaardige tempel van kennis, naar klassiek model maar op de drempel van de moderne tijd. Asplund geldt als de belangrijkste vertegenwoordiger van het

romantisch classicisme. Trappen voeren omhoog in de grote rotonde, als in een toren met boekenkasten zo ver het oog reikt.

Kastelen, parken en tuinen

Bergianska Trädgården
▶ buiten E 1

Veit Wittrocks väg, Frescati, www.bergianska.se, T-Universitetet, bus 40, 540, dag. 8-21 uur, Victoriakas mei-sept. ma.-vr. 11-16, za., zo. 11-17 uur, SEK 20; Edvard Anderssonkas dag. 11-17 uur, SEK 50

Op het grote terrein van de botanische tuin groeien circa achtduizend plantensoorten. Er zijn medicinale en culinaire tuinen, er is een Japanse watertuin en er zijn twee kassen. In de tropische Victoriakas groeien waterlelies met enorme bladeren, in de subtropische Edvard Anderssonkas de flora van het Middellandse Zeegebied, de woestijn en het regenwoud.

Hagaparken ▶ C 1

Haga, Solna, bus 515 vanaf Odenplan tot Haga norra grindar (noordingang)

Het hele slotpark maakt deel uit van Ekoparken (zie blz. 57) en omvat naast veel natuur ook koninklijke kunstschatten. Gustav III ontwikkelde een ambitieus overkoepelend concept voor een landschapspark – destijds hypermodern en een must voor iedere kunstliefhebber. Het park werd maar gedeeltelijk gerealiseerd. Na de aanslag op de koning, in 1792, werd de bouw stilgelegd, ook al omdat het geld op was. Een bouwkundig hoogtepunt is het unieke Gustav III-paviljoen (zie blz. 74). Bij slecht weer kunt u bij de noordelijke ingang (Haga norra grindar) schuilen in de **Kopparätälten** (koperen tenten). In de ene bevindt zich een café, in de andere het **Haga Parkmuseum** (midden

De Rotunde van de Stadsbiblioteket aan de Strandvägen – een architectonisch meesterwerk

mei-sept. di.-zo. 11-17, anders do.-zo. 11-15 uur, toegang gratis).

Vooral met kinderen is een bezoek aan de vlinderkassen **Fjärilshuset** (www.fjarilshuset.se, apr.-sept. dag. 10-17, anders dag. 10-16 uur, SEK 90) de moeite waard. In de grote kassen vliegen exotische vogels en bontgekleurde vlinders tussen de tropische planten door. Soms willen ze zelfs wel even op een uitgestrekte vinger gaan zitten.

Kungsträdgården ▶ F 5

Norrmalm, T-Kungsträdgården
Het langgerekte plein midden in de drukke binnenstad tussen de opera en de winkelstraat Hamngatan was 300 jaar geleden de moestuin van het paleis. Tegenwoordig is het plein hét ontmoetingspunt in de stad. 's Zomers kunt u er bij de klaterende fontein een ijsje eten, 's winters kunt u er schaatsen en er vinden openluchtconcerten en sportevenementen plaats. Aan de

zuidkant, aan de achterkant van het operagebouw, ligt om het beeld van Karl XII het plantsoen **Karl XII's torg**, met uitzicht over het water op het slot.

Kunstgaleries

Bonniers konsthall ▶ C 4

Torsgatan 19, Vasastaden, www.bonnierskonsthall.se, T-Sankt Eriksplan, bus 3, 4, wo.-vr. 12-19, za., zo. 11-17 uur, SEK 60
Deze kunsthal in een driehoekig glazen gebouw presenteert moderne kunst.

Färgfabriken ▶ B 8

Lövholmsbrinken 1, Liljeholmen, www.fargfabriken.se, Tvärbana tot Trekanten, T-Liljeholmen, wo.-zo. 11-16 uur, toegang gratis
Hier houdt men de ontwikkelingen op het gebied van moderne kunst en design in de gaten.

Liljevalchs Konsthall ▶ H 6

Djurgårdsvägen 60, Djurgården, www.liljevalchs.stockholm.se, bus 44, tram, Djurgårdenveer, di.-zo. 11-17 uur, SEK 80

Overzicht van de moderne kunst via een voorjaars- en een herfstsalon en wisseltentoonstellingen.

Magasin 3 ▶ K 3

Frihamnen, Gärdet, www.magasin3. com, bus 1, 76, do. 11-19, vr.-zo. 11-17 uur, SEK 40

Deze grote tentoonstellingshal voor moderne kunst bevindt zich in een modern pakhuis aan de haven.

Musea

Dansmuseet ▶ F 5

Gustav Adolfs torg 22-24, Norrmalm, www.dansmuseet.se, T-Centralen of T-Kungsträdgården, mei-sept. ma.-vr. 11-16, do. 11-19, za., zo. 12-16 uur, anders ma. gesl., permanente tentoonstelling, toegang gratis

Dit museum schuin tegenover het operagebouw is niet alleen maar aan het klassieke Russische ballet gewijd. Het is voortgekomen uit de collecties van de Zweed Rolf de Maré en is nauw verbonden met het Zweedse ballet in Parijs, dat aan het begin van de 20e eeuw van zich deed spreken in kringen rond Fernand Léger en Picasso. Ook de danswereld van Azië en Afrika is met films en kleding vertegenwoordigd. Leuke wisseltentoonstellingen.

Etnografiska Museet ▶ K 5

Djurgårdsbrunnsvägen 34, Gärdet, www.etnografiska.se, bus 69 tot Museiplan, ma.-vr. 10-17, za., zo. 11-17 uur, toegang gratis

Dit museum presenteert de culturen van alle continenten behalve Europa aan de hand van indrukwekkende voorwerpen. Bij de ingang ontvangt een uit een ceder gesneden totempaal van indianen van de westkust van de VS de bezoekers. Het accent ligt op de cultuur van de Noord-Amerikaanse in-

Ondergrondse kleurenpracht – in het metrostation Kungsträdgården

Kunst in de metro

De metrostations van Stockholm zijn niet alleen maar wachtruimtes: voor de liefhebber is er een caleidoscoop van hedendaagse kunst te zien, waaronder bekende werken als de bronzen revolver met de knoop in de loop van Carl Fredrik Reuterswärd (station Åkeshov) of Siri Derkerts betonreliëfs (1965, station Östermalmstorg), maar ook bont gekleurde beelden – 90 van de 100 stations zijn van kunst voorzien. Folders bij de vervoersmaatschappij SL, die ook rondleidingen verzorgt (vervoerbewijs volstaat): tel. 08 600 10 00, www.sl.se.

dianen; de tentoonstelling is een van de omvangrijkste van Europa over dit onderwerp. Wisseltentoonstellingen belichten allerlei aspecten van culturen uit de hele wereld.

Fotografiska ▶ G 7

Stora Tullhuset, Stadsgårdshamnen 22, Södermalm, www.fotografiska. eu, T-Slussen, dag. 10-21 uur, SEK 95
In het fraaie historische tolhuis aan de noordelijke oever van Södermalm werd in 2010 een tentoonstellingsruimte voor fotografie ondergebracht. Hier wordt werk van bekende fotografen gepresenteerd.

Historiska Museet ▶ G 4

Narvavägen 13-17, Östermalm, www. historiska.se, T-Karlaplan, bus 44, mei-sept. dag. 10-17, anders di., wo., vr-zo. 11-17, do. 11-20 uur, SEK 70 ('s winters do. 16-20 uur, toegang gratis)
Dat geschiedenis niet saai hoeft te zijn, bewijst het Historiska Museet met zijn permanente tentoonstelling over de Vikingen (met ook uitleg in het Engels en Duits). Minstens evenveel aantrekkingskracht oefent Guldrummet uit. Deze 'goudruimte' is beveiligd als was het een grote bank, maar achter het gepantserde glas ligt dan ook bij elkaar 50 kg goud en 250 kg zilver. De vele precies volgens de regels van de goudsmeedkunst vervaardigde sieraden en andere voorwerpen stammen uit de

tijd van de volksverhuizingen, het gouden tijdperk van Noord-Europa.

Medelhavsmuseet ▶ E/F 5

Fredsgatan 2 (Gustav Adolfs torg), Norrmalm, www.medelhavsmuseet. se, T-Kungsträdgården, bus 2, 3, 62, 65, di.-vr. 12-20, za., zo. 12-17 uur, SEK 60
Hornska palatset, het 17e-eeuwse paleis met zijn mooie marmeren foyer, was eerder een bank en een herberg, maar vormt nu het passende kader voor de schatten van mediterrane culturen uit de oudheid. De collectie terracotta beeldjes uit Cyprus is uniek. Verder zijn er islamitische kunst en Egyptische mummies te zien.

Musikmuseet ▶ F 5

Sibyllegatan 2, Östermalm, www. musikmuseet.se, T-Östermalmstorg, bus 40, 62, 69, juli/aug. di.-zo. 10-17, anders di.-zo. 12-17 uur, SEK 50
Dit is een echt doemuseum, en dus ideaal voor kinderen. Ze kunnen de instrumenten uitproberen, voorbeelden beluisteren en zelfs met elektronische geluidsversterking experimenteren.

Nationalmuseum ▶ F 5

Södra Blasieholmshamnen, Blasieholmen, www.nationalmuseum.se, T-Kungsträdgården, bus 65, juni-aug. di. 11-20, wo.-zo. 11-17, anders di., do. 11-20, wo., vr.-zo. 11-17 uur, SEK 100

De Duitse architect Friedrich August Stüler ontwierp deze indrukwekkende kunsttempel, met uitzicht op het slot, voor de nationale kunstcollectie. Het trappenhuis is versierd met fresco's van Carl Larsson en beelden van Tobias Sergel. Het enorme aanbod loopt uit-een van werk van de oude meesters tot de Franse impressionisten en het Scandinavische design van 1917 tot het begin van de 21e eeuw. Verder zijn er wisselende tentoonstellingen.

Naturhistoriska Riksmuseet
▶ buiten E 1

Frescativägen 40, Frescati, www.nrm. se, T-Universitetet, bus 40, 540, di. 10-20, wo.-vr. 10-19, za., zo. 11-19 uur (schoolvakanties dag.), SEK 80
Het natuurhistorisch museum toont naast wisselende tentoonstellingen over natuur en milieu onder andere een skelet van een dinosauriër, een op-gezette blauwe vinvis en andere die-ren. U vindt hier ook een planetarium en – een echte attractie – de IMAX-bioscoop Cosmonova, waar indruk-wekkende natuurfilms worden ver-toond (zie blz. 110).

Nordiska Museet ▶ H 5

Djurgårdsvägen 6, Djurgården, www.nordiskamuseet.se, bus 44, tram, Djurgårdenveer, juni–aug. dag. 10-17, anders ma., di., do., vr. 10-16, wo. 10-20, za., zo. 11-17 uur, SEK 80
Dit sierlijke museum aan de kust van Djurgården is een echte blikvanger in het silhouet van de stad. Het werd in 1907 gebouwd in de stijl van de nati-onale romantiek en vertegenwoordigt de typisch Zweedse architectuur. In de entreehal wordt de bezoeker verwel-komd door een monumentale Gustav Vasa, een werk van de beeldhouwer Carl Milles. Per audiogids wordt u over twee verdiepingen langs het dagelijks leven in Zweden van vroeger en nu ge-

leid – van klederdrachten uit alle wind-streken tot feesten, zeden en gebrui-ken, waardoor dit een goede opstap is naar het openluchtmuseum Skansen (zie blz. 55).

Observatoriemuseet ▶ D/E 3

Drottninggatan 120, Norrmalm, www.observatoriet.kva.se, T-Odenplan of Rådmansgatan, rond-leidingen zo. 12-15, okt.-mrt. di., do. 18-21 uur, hemelobservatie met tele-scoop 19-20 uur, SEK 50
Vanuit dit mooie koepelgebouw uit de 18e eeuw op een heuvel in het park Observatorielunden kijken onder-zoekers al meer dan 250 jaar naar de sterren. Hier zijn grote wetenschap-pelijke expedities voorbereid, zoals de reis om de noord met de Vega van Nordenskiöld. Het observatorium is ook een van de oudste weerstations ter wereld – sinds 1756 wordt het weer hier elke dag geregistreerd.

Sjöhistoriska Museet ▶ K 5

Djurgårdsbrunnsvägen 24, Gärdet, www.sjohistoriska.se, bus 69, dag. 10-17 uur, ma. toegang gratis, di.-zo. SEK 50
In dit museum komt de maritieme ge-schiedenis tot leven. De collectie van ongeveer 1500 scheepsmodellen om-vat ook diverse soorten op ware groot-te. U krijgt ook inzicht in het alledaag-se leven aan boord, bijvoorbeeld in de kajuit van een schoener van koning Gustav III. En er is natuurlijk veel nau-tische apparatuur.

Spårvägsmuseet ▶ H 8

Tegelviksgatan 22, Södermalm, www.sparvagsmuseet.sl.se, bus 2, 55, 66, ma.-vr. 10-17, za., zo. 11-16 uur, SEK 40
Grote hal met oude tram- en metro-wagons, bejaarde bussen en andere veteranen uit het openbaar vervoer

van de stad. In hetzelfde gebouw bevindt zich ook het **Speelgoedmuseum (Leksaksmuseum)**, dat vooral verzamelaars in verrukking zal brengen.

Stockholms Medeltidsmuseet
▶ F 5

Strömparterren, Helgeandsholmen, www.medeltidsmuseet.stockholm. se, T-Kungsträdgården, bus 43, 62 tot Gustav Adolfs torg, di., do.-zo. (juni-aug. ook ma.) 12-17, wo. 12-19 uur, toegang gratis

Met de lift de middeleeuwen in: een bezoek aan het 'Middeleeuwenmuseum' van de stad Stockholm betekent een letterlijke duik in de geschiedenis, want het museum bevindt zich onder de grond. Middelpunt van dit opmerkelijke museum zijn ruïnes, die ter plekke bij opgravingen op Helgeandsholmen werden gevonden: de stadsmuur (rond 1520), het middeleeuwse kerkhof van het Heilige Geesthospitaal (midden 13e eeuw) en een vluchttunnel (18e eeuw) vanaf het slot. Daaromheen toont de tentoonstelling, hoe het er toentertijd in de oude stad in de schaduw van de burcht aan toeging. Het dagelijks leven van kooplieden, ambachtslieden, monniken en ridders – van bierkelder tot galgenheuvel – wordt met behulp van knappe multimedia spannend uiteengezet. Eveneens een spectaculair stuk is een twintig meter lang schip (ca. 1520), dat voor Riddarholmen werd gevonden.

Strindbergsmuseet ▶ E 4

Drottninggatan 85 (hoek Tegnérgatan), Norrmalm, www. strindbergsmuseet. se, T-Rådmansgatan, bus 40, 59 naar Tegnérgatan, sept.-juni di., do.-zo. 12-17, wo. 12-19, juli-aug. 10-16 uur, SEK 50

De woning op de vierde verdieping van dit hoekhuis, dat Blå Tornet ('blau-

we toren') heet, was het laatste huis waar Strindberg in Stockholm heeft gewoond. Het lijkt net alsof de dichter-schrijver August Strindberg (1849–1912) elk ogenblik van achter het schuifhek van de lift tevoorschijn kan komen, zijn overjas aan de kapstok hangt en aan zijn schrijftafel plaatsneemt. De werk-, slaap- en eetkamers, en vooral de drieduizend boeken omvattende bibliotheek, de foto's en schilderijen van de schrijver maken dit tot een bedevaartsoord voor literatuur-, en vooral Strindbergadepten.

Tekniska Museet ▶ K 5

Museivägen 7, Norra Djurgården, www.tekniskamuseet.se, bus 69 tot Museiplan, ma., di., do., vr. 10-17, wo. 10-20, za., zo. 11-17 uur, SEK 70

In de machinehal van het museum zijn oude vliegtuigen, locomotieven, auto's te zien. Afdalen in een ertsgroeve kan ook, en rondkijken in een smederij. Een spannende attractie voor nieuwsgierige kinderen is Teknorama, waar ze allerlei experimenten kunnen doen. Ook de enige 4D-bioscoop van Zweden, Cino4 (zie blz. 108), oefent een bijzondere aantrekkingskracht uit.

Vin- & Sprithistoriska Museet
▶ C 2

Dalagatan 100, Vasastaden, www. vinosprithistoriska.se, T-Odenplan of Sankt Eriksplan, bus 2 tot Norra Station, di. 10-19, wo.-vr. 10-16, za., zo. 12-16 uur, SEK 50

Dit unieke museum is gewijd aan de geschiedenis van de alcoholcultuur in Zweden, van drinkliederen tot het alcoholverbod. Gedetailleerd wordt getoond hoe de drank wordt gemaakt, van het brouwen of fruit persen tot het distilleren – en ten slotte kunt u een kruidendrankje proeven.

Birka ▶ kaart 4

Ongeveer 1200 jaar geleden lag op het tegenwoordig heel groene eiland Björkö in het Mälarmeer een van de belangrijkste handelssteden van Europa. Het eiland is nu vrijwel onbewoond, maar elk jaar komt Birka, dat samen met het koningshof op het naburige eiland Adelsö tot werelderfgoed van de Unesco is uitgeroepen, in de zomer tot leven. Dan werken hier smeden en runentekenkrassers, varen er Vikingschepen uit en worden de huizen van een stadswijk met bouwtechnieken uit de tijd van de Vikingen gereconstrueerd. Archeologen zoeken in de zwarte aarde ijverig naar nieuwe vondsten, die dan in het museum tentoongesteld kunnen worden. De expositie aldaar laat zien hoe belangrijk dit voormalige knooppunt was in het handelsverkeer tussen de oostelijke Middellandse Zee en het gebied rond de Oostzee. Ook wordt duidelijk hoe bont het gezelschap was dat in Birka bijeenkwam, van ambachtslieden tot kooplui die met fijne stoffen uit het Midden-Oosten en zelfs met zijde uit China de markt op gingen. Tegen het einde van de 10e eeuw ging de stad verloren en verplaatste de handel zich naar het toen pas gestichte Sigtuna (zie blz. 84).

Inlichtingen

Tel. 08 12 00 40 00, www.stromma.se
Vervoer: per Boot mei-eerste week van sept., dag. vanaf Stadshusbron (vaartijd

1,5 uur), SEK 295 heen- en terug, incl. museumkaartje en rondleiding.

Slot Gripsholm en Mariefred ▶ kaart 4

Het schilderachtige plaatsje **Mariefred** aan het Mälarmeer is ontstaan uit het nonnenklooster Pax Mariae, vandaar de naam. Een wandeling door de steegjes met hun winkeltjes en cafés voert naar Callanderska Gården, een 250 jaar oud houten huis, waar tegenwoordig kunstnijverheid te koop is. Het huis, dat wordt omringd door een mooie kruidentuin, ligt aan de voet van een kerk, die op een hoge rots staat.

Slot **Gripsholm** staat al bijna 500 jaar 'geruststellend en dik' (Kurt Tucholsky) op zijn eiland in het meer. Het is een typisch Vasakasteel. Binnen kunt u de portrettencollectie van de nationale galerie bewonderen of een blik werpen in de sinds 1872 nauwelijks veranderde slaapkamer van prinses Sofia Albertina of het in 1781 onder koning Gustav III toegevoegde theater (www.royalcourt.se, midden mei-midden sept. dag., begin-midden mei en midden sept.-nov. za., zo. 10-16 uur, SEK 80). Tegenover het slot staat het **Grafikens Hus**, met exposities van moderne grafische kunst en een grafisch atelier (www.grafikenshus.se, mei-sept. dag. 11-17 uur, toegang gratis behalve tot de exposities).
Het kasteel ontleent zijn naam aan een (inmiddels verfilmde) novelle van de Duitse schrijver Kurt Tucholsky over een zomerliefde, waarin naast de liefde

nog veel meer gebeurt. Het **graf van Tucholsky**, die in 1936 in ballingschap in Zweden overleed, bevindt zich iets buiten het centrum op de begraafplaats van Mariefred.

Inlichtingen

Mariefreds Turistbyrå: Rådhuset, tel. 01 59 296 99, www.strangnas.se
Vervoer: boten naar Mariefred vanaf Stadshusbron midden juni-midden aug. di.-zo., eind mei-begin sept. za., zo. 10 uur (vaartijd 3,5 uur). Met de auto via de E20 ca. 60 km; een smalspoortrein met stoomtractie rijdt vanuit Mariefred langs het slot tot Läggesta (daar ca. elke 2 uur treinen naar Stockholm).

Gustavsberg ▶ kaart 4

De porseleinfabriek voor de poorten van Stockholm maakt al meer dan 150 jaar serviesgoed. Het museum toont mooie oude serviezen en in de fabriekswinkel of bij ambachtslieden op het terrein kunt u op koopjes jagen.

Inlichtingen

www.porslinsmuseum.varmdo.se, mei-sept. di.-vr. 10-18, za., zo. 11-16, okt.-apr. di.-zo. 11-16 uur
Vervoer: T-Slussen, dan bus 474 (ca. 25 min.) tot Farstaviken, boten eind juni-midden aug. wo.-zo. vanaf Nybrokajen (vaartijd 2,5 uur, www.stromma.se).

Norrtälje ▶ kaart 4

De prachtige kuststreek met zijn talloze scheren ten noorden van Stockholm heet Roslagen, en het in 1622 door Gustav II Adolf gestichte havenstadje Norrtälje geldt als de 'parel van Roslagen'. Het beeld van dat stadje wordt bepaald door sierlijke houten huizen, het stadhuis uit ongeveer 1735 en een ontspannen sfeer. Langs de rivier wandelt u naar Societetsparken – in de 19e eeuw was Norrtälje een geliefd kuuroord. Voor een pauze kunt u aan de kade terecht in restaurant-stoomschip Norrtälje of in café En liten smula. (Tillfällegatan, dag. 11-17 uur).

Een kasteel als uit een sprookjesboek: Slot Gripsholm aan het Mälarmeer

Inlichtingen

Norrtäljes turistbyrå: Danskes gränd 4-6, tel. 01 76 719 90, www.roslagen.se
Vervoer: elke 20 min. bus 676 vanaf Tekniska Högskolan (reistijd 1 uur); met de auto via de E18 ca. 70 km.

Sigtuna ▶ kaart 4

Bezoekers van Sigtuna maken tijdens een wandeling door de 'hoofdstraat' **Stora gatan** kennis met het pittoreske buitenleven. Langs de weg staan kleine houten huisjes, waarin drukke winkels en leuke cafeetjes zijn gevestigd. De in 980 gestichte nederzetting aan het Mälarmeer geldt als de oudste nog bestaande stad van Zweden.
Uit de begintijd resteren de schilderachtige **ruïnes** van drie romaanse kerken. Ooit stonden er zeven. Bezienswaardig zijn verder het kleinste **stadhuis** van Zweden (18e eeuw) en het **museum** met vondsten uit de late Vikingtijd (mei-sept. di.-zo. 12-16 uur, SEK 20).

Inlichtingen

Sigtuna Turism: Stora gatan 33, tel. 08 59 48 06 50, www.sigtunaturism.se
Vervoer: van Stockholm C *pendeltåg* naar Märsta (35 min.), daar bus 570 en 575 naar Sigtuna (20 min.).

Skoklosters slott ▶ kaart 4

Medio 17e eeuw liet Carl Gustav Wrangel dit schitterende paleis aan het Mälarmeer bouwen, een juweeltje uit de tijd dat Zweden een grootmacht was, waarvan de complete inrichting vrijwel onveranderd is gebleven. De interessantste vertrekken kunnen worden bezichtigd en de overige tachtig zijn via rondleidingen te bewonderen (elk uur, ook in het Engels; mei-midden juni en sept. za., zo. 12-16, mei di.-zo. 11.30-16.30, midden juni-aug. dag. 11-17 uur, rondleidingen SEK 100, anders SEK 70).
Op het terrein van het slot bevinden zich ook een kloosterkerk uit de 13e eeuw en een automuseum. Elk jaar

Bont spektakel: riddertoernooi in Skoklosters slott

vindt eind juli in de tuin van het kasteel het middeleeuwse spektakel van de Skoklosterspelen plaats.

Inlichtingen

Tel. 08 402 30 77, www.skoklosters slott. se

Vervoer: van Stockholm C *pendeltåg* naar Bålsta (39 min.), dan bus 311 naar Skokloster (ongeveer elk uur, 30 min.); met de auto E18 richting Enköping, in Bro afslag naar Skokloster, ca. 65 km.

Tyresta ▶ kaart 4

Wie zin heeft in een avontuur in de ongerepte natuur, kan een uitstapje maken naar Tyresta. Dit meer dan 4000 ha grote gebied valt onder natuurbescherming en ligt 20 km ten zuidoosten van Stockholm. Het grootste gedeelte ervan bestaat uit 120 tot 350 jaar oud oerbos, veengebied en meren. Een heel klein deel wordt ontsloten door goed begaanbare rondlopende paden (2,5 km of 5 km). U kunt een verkenning van het gebied het beste beginnen in Tyresta by.

Inlichtingen

Ter plaatse verschaft het Nationalparkernas hus informatie over deze en andere nationale parken, di.-vr. 9-16, za., zo. 10-17 uur.

Vervoer: bus 807 vanaf T-Gullmarsplan naar Svartbäcken, dan 2 km lopen naar Tyresta, of *pendeltåg* naar Handen C, dan bus 834.

Ulriksdals slott ▶ kaart 4

In het in 1633 als lustslot voor Karl XI gebouwde kasteel is nog altijd koninklijk eigendom. Tot 1973 woonden hier koning Gustav VI Adolf en koningin Louise, de grootouders van de huidige koning van Zweden. De inrichting die het toen nog jonge koninklijke paar

in 1923 als cadeau ontving, met meubilair van Carl Malmsten, en vele stukken antiek is te bezichtigen (elk uur rondleidingen juni-midden sept. di.-zo. 12-15 uur, SEK 70). Het mooie park bij het kasteel is 's zomers een geliefde plek voor Stockholmers. In het oudste theater van Zweden, Confidencen (1753) wordt in de zomermaanden opgetreden (zie blz. 113).

Inlichtingen

www.royalcourt.se

Vervoer: T-Bergshamra of *pendeltåg* naar Ulriksdals station, dan bus 503.

Vaxholm ▶ kaart 4

Vaxholm geldt als 'de poort naar de scheren'. Hier komt een einde aan de dicht op elkaar gelegen binnenscheren en worden de afstanden tussen de eilanden allengs groter. Alleen de reis per boot van Stockholm naar dit vestingstadje geeft al een goede indruk van deze unieke eilandenwereld. In het compacte stadje met een haven voor zeilboten wemelt het 's zomers van de dagjesmensen en toeristen. Men komt er in de mooie steegjes winkelen en van de vele cafés en restaurants genieten. U kunt hiervandaan ook de oversteek maken naar het vestingeiland Vaxholmen en daar het **museum** bezoeken, gewijd aan de plaatselijke geschiedenis (www. vaxholmsfastning.se, juni dag. 12-16, juli/aug. 11-17 uur, SEK 50).

Inlichtingen

Vaxholms turistbyrå: Rådhuset, tel. 08 54 13 14 80, www.roslagen.se

Vervoer: boten vanaf Kajplats 16, Strandvägen, www.stromma.se, het hele jaar., midden juni-aug. 2-3 x dag. speedboten 50 min. (SEK 100), boten 3 uur (SEK 220), of op www.waxholms bolaget.se SEK 75 enkeltje; alternatief: bus 670 vanaf T-Tekniska högskolan.

Te gast in Stockholm

De Zweedse liefde voor koffie heeft een lange traditie. Het café van Sundbergs Konditori aan de Järntorget in de oude stad is niet alleen het oudste van Stockholm, het is ook een van de gezelligste. Hier komen de mensen graag een praatje maken of ontspannen. Binnen wordt de koffie getapt uit een dikbuikige samovar en buiten kunt u, met uitzicht op de barokke huizen uit de 17e en 18e eeuw, heerlijk uitrusten van een wandeling door de stad.

Overnachten

Zomerkortingen

De prijzen van overnachtingen liggen in Stockholm duidelijk boven het landelijk gemiddelde. Maar er zijn altijd wel manieren om goedkoop onderdak te vinden – zelfs zonder dat u daarbij veel concessies aan de kwaliteit hoeft te doen. Veel van de comfortabele, maar weinig aansprekende zakenhotels bieden het hele jaar in de weekenden (*helg;* vr.-zo.), en 's zomers ook op werkdagen enorme kortingen aan. Het is de moeite waard in februari aanbiedingen *(erbjudande)* voor de sportvakantie *(sportlov)* en 's zomers de *sommarpris-* resp. *helgpris-*aanbiedingen op de hotelwebsites te bestuderen.

Jeugdherbergen

Svenska Turistforeningen (STF) is aangesloten bij de internationale jeugdherbergorganisatie IYHA en beheert *Vandrarhem* in Stockholm. Voor de meeste jeugdherbergen geldt: zelf beddengoed meebrengen of huren (*helg;* ca. SEK 60); ook voor ontbijt moet extra worden betaald.

Vroeg boeken

Bij vrijwel alle hotels kunt u online een kamer reserveren; kortingen bij vroegtijdig boeken van 20-30 % zijn zeker niet ongebruikelijk. Voordelig boekt u ook via de website van het Stockholm Tourist Centre, www. stockholmtown.com, trefwoord hotels (of tel. 08 50 82 85 08, hotels@svb. stockholm.se). Als u uw creditcardnummer geeft, wordt de accommodatie gratis gereserveerd. U krijgt altijd een reserveringsbevestiging. Annuleren is nog mogelijk op de avond voor aankomst. Anders wordt de prijs voor de eerste nacht berekend!

Bed & Breakfast

Wie ergens meer dan twee nachten blijft en ook iets wil ervaren van het dagelijks leven in Stockholm, kan terecht in het op Britse leest geschoeide Bed & Breakfast. U hebt dan een kamer bij particulieren in huis, vaak met eigen douche en toilet. Bij de prijs is ontbijt inbegrepen en dat komt meestal in de vorm van een in de keuken opgesteld buffet (Bed & Breakfast Service Stockholm, www.bedbreakfast.se, 1 pk vanaf SEK 400; Bed and Breakfast Center, www. bed-and-breakfast.se, 2 pk ca. SEK 450).

Kamperen vlak bij de stad

In de mooie omgeving van Stockholm, aan het Mälarmeer of in de scheren, bevinden zich talrijke rustige en comfortabele campings. Een brochure met uitgebreide beschrijvingen van terreinen in heel Zweden is verkrijgbaar bij Visit Sweden (zie blz. 22). Alle bij de Zweedse campingbond aangesloten terreinen verlangen de Camping Card Scandinavia, die voor SEK 130 op de camping of vooraf te koop is: SCR, Box 5079, S-402 22 Göteborg, www.camping.se.

Prettig en betaalbaar

Gezellig – **Archipelago Hostel** ▪
kaart 2, F 6, Stora Nygatan 38, Gamla
stan, tel. 08 22 99 40, www.archipe
lagohostel.se, T-Gamla stan, bus 3, 1 pk
SEK 510, 2 pk SEK 690-760, in de slaap-
zaal vanaf SEK 275 per bed (zonder ontbijt en beddengoed, maar incl. schoon-
maken). Het kleine budgethotel met 43
bedden op de eerste en tweede verdieping van een karakteristiek huis in
de binnenstad heeft kleine, maar nette kamers – 2 pk met twee aparte bedden, 4 tot 6 pk met stapelbedden. Als u
van plan bent wat langer te blijven, zijn
de comfortabelere kamers op de tweede verdieping aan te bevelen. Gratis internet voor gasten.

Gewoon idyllisch – **Castanea Hostel:**
▪ kaart 2, F 6, Kindstugatan, Gamla
stan, tel. 08 22 35 51, www.castanea
hostel.com, T-Gamla stan, bus 2 en 3,
2 pk vanaf SEK 620 afhankelijk van het
seizoen, vanaf SEK 195 p.p. in de slaap-
zaal (zonder ontbijt en beddengoed).
De idyllische ligging aan het kleine,
met oude kastanjes versierde binnen-
plein Brända tomten is niet het enige pluspunt van dit sfeervolle, rustige
kleine budgethostel. In de ouderwetse
lift met schuifhek belanden de gasten
op de tweede verdieping van het statige oude huis; de kamers liggen verspreid over twee verdiepingen. Ideaal
voor gezinnen zijn de royale kamers
met vier bedden, de negen tweepersoonskamers zijn daarentegen be-
hoorlijk krap – alleen voor mensen die
elkaar heel graag mogen …. Ontbijt
kunt u zelf klaarmaken in de gasten-
keuken.

Historische ambiance – **Gustav Vasa
Hotel:** ▪ D 3, Västmannagatan 61,
Vasastaden, tel. 08 34 38 01, www.gustav
vasahotel.se, T-Odenplan, 1 pk 590-1050,
2 pk SEK 790-1670, gezinskamers SEK
1560-2090. Dit kleine hotel bij Odenplan
en de Gustav Vasakerk dateert van 1899
en valt onder monumentenzorg. De
kroonluchters en de hoge plafonds in de
ontbijtzaal, maar ook de kleine lift met
schuifhek scheppen een ouderwetse
sfeer. Enkele van de grotere kamers hebben een prachtige tegelkachel en zijn
met drie tot vijf bedden als gezinskamer
ingericht. Niet alle kamers hebben dit
soort historische details. Hetzelfde geldt
voor een eigen badkamer, want sommige kamers hebben gemeenschappelijke
faciliteiten. De kamers 27 en 29 liggen
mooi rustig aan de binnenplaats.

Centraal en op het water – **Mälardrottningen:** ▪ kaart 2, E 6, Riddarholmen, tel. 08 54 51 87 80, www. ma-
lardrottningen.se, T-Gamla stan, bus 3,
1 pk vanaf SEK 600, 2 pk vanaf SEK 840.
Dit is weliswaar niet het enige drijvende hotel in Stockholm, maar het vroegere jacht van Barbara Hutton is wel
het beste (drie sterren). Wie vroegtijdig
boekt, kan rekenen op fikse kortingen.
Het schip beschikt over zestig een- en
tweepersoonskajuiten met alle comfort, weliswaar deels met stapelbedden, op een geweldige locatie en op
luttele minuten lopen van Gamla stan
(niet geschikt voor rolstoelers). Alleen
's zomers aan te bevelen!

Maritiem – **STF Vandrarhem af Chapman & Skeppsholmen:** ▪ kaart 2, G 6,
Flaggmansvägen 8, Skeppsholmen,
tel. 08 463 22 66, www.stfchapman.
com, T-Kungsträdgården, bus 65, 2 pk
SEK 630, bed in meerpersoonska-
juit SEK 280 (zonder ontbijt en beddengoed, korting met Stayokay- of
VHJ-card). Er heerst nog altijd een
maritieme sfeer in de voormalige ma-
rinekazerne in Skeppsholmen. U vindt
hier 285 bedden in twee- tot zesper-
soonskamers en een goed en gezellig

restaurant. Daar ligt het sierlijke opleidingsschip' af Chapman' (1888) na een grondige restauratie in 2008 aan de kade, een van de markante objecten van de stad. De populairste jeugdherberg van Stockholm biedt voornamelijk meerpersoonskajuiten.

Achter de tralies – STF Vandrarhem en hotel Långholmen: ■ B 7, Långholmsmuren 2, Långholmen, tel. 08 720 85 00, www.langholmen.com, T-Hornstull, bus 4 (400 m lopen), 40 en 66, 2 pk SEK 690, SEK 290 p.p. in een meerpersoonscel (zonder ontbijt en beddengoed, korting met Stayokay- of VHJ-card), alternatief in het driesterrenhotel: 1 pk SEK 1040-1540, 2 pk SEK 1490-1890. De voormalige gevangenis biedt onderdak in eenvoudige cellen met een en twee stapelbedden, sommige met douche en toilet. Wie na de overnachting in de spartaanse cel van de in 1975 opgeheven gevangenis nog niet genoeg heeft van het gevangeniswezen, die kan zijn hart ophalen in het gevangenismuseum. 's Zomers en in het weekend tegen meerprijs 89 comfortabele een- en tweepersoonskamers met hotelstandaard in het Långholmens Hotell, geriefelijk ingericht en met televisie, telefoon, douche en toilet. Het ontbijt bestaat overigens lang niet alleen uit water en brood!

Verborgen idylle – STF Vandrarhem Zinkensdamm: ■ D 8, Zinkens väg 20, Södermalm, tel. 08 616 81 00, www.zinkensdamm.com, T-Zinkensdamm, bus 4, 1 pk SEK 480, 2 pk SEK 630, bed vanaf SEK 270 p.p. (zonder ontbijt en beddengoed, korting met Stayokay- of VHJ-card). Herberg aan de rand van het volkstuinencomplex Tantolunden en op gezichtsafstand van de hoogbouw aan de Hornsgatan. U vindt hier 490 bedden in twee- en vierpersoonskamers, een restaurant en een sauna. Er zijn ook fietsen te huur. Sommige grote luxueuze kamers hebben een eigen douche/toilet en tv.

Stijlvol

Comfortabel tophotel – Clarion Hotel: ■ buiten F 8, Ringvägen 98, Södermalm, tel. 08 462 10 00, www.clarionstockholm.com, T-Skanstull, bus 3 en 4, 1 pk vanaf SEK 845, 2 pk SEK 1145-3545 (heel voordelige vroegboekers- en weekendtarieven). Dit hotel telt acht verdiepingen en meer dan vijfhonderd kamers, die ultramodern en doelmatig maar ook wat onpersoonlijk zijn ingericht. Het Clarion biedt al het aangename dat u van een tophotel mag verwachten, zoals restaurants, bars en een ontspanningsruimte. Verder vindt u her en der werken van moderne Scandinavische kunstenaars.

Klassiek businesshotel – Hotel Adlon: ■ E 5, Vasagatan 42 (hoek Gamla Brogatan), Norrmalm, tel. 08 402 65 00, www.adlon.se, T-Centralen, 1 pk vanaf 1295, 2 pk vanaf SEK 1995 ('s zomers 1 pk SEK 795, 2 pk SEK 1300-1750). Dit zakenhotel met drie sterren in een gerenoveerd historisch hoekhuis bevindt zich schuin tegenover het station. Het personeel is heel vriendelijk en de 94 kamers zijn modern ingericht en van alle gemakken voorzien.

Luxe voor popfans – Hotel Rival: ■ E 7, Mariatorget 3, Södermalm, tel. 08 54 57 89 00, www.rival.se, T-Mariatorget, 1 pk SEK 1490-2290, 2 pk SEK 1590-2490 (standaardkamer). Het in 2004 in een gebouw uit de jaren dertig van de 20e eeuw geopende hotel (vier sterren) ligt op een rustig plekje in de verder drukke wijk Södermalm. Persoonlijkheid en comfort staan hier voorop. In dit boetiekhotel met 99 kamers, voelen liefhebbers van de popcultuur uit de jaren zeventig zich thuis. Ze zullen eigenaar en ex-ABBA-zanger Benny Andersson hier niet snel tegenkomen, maar in de kamers is wel extra aandacht besteed aan multimedia – net als aan goede bedden overigens. Restaurant, café, bakkerij, bioscoop en een podium voor diverse evenementen.

Eersteklas lichtdesign – **Nordic Light Hotel:**  kaart 2, E 5, Vasaplan 7, Norrmalm, tel. 08 50 56 30 00, www. nordiclighthotel.com, T-Centralen, 1 pk SEK 1063-3700, 2 pk SEK 1150-3700 (flinke kortingen voor vroegboekers). Dit ultramoderne hotel met 175 kamers is alleen vanwege het minimalistische design (let op de lichteffecten!) al een belevenis. Van het bed tot de geluidsisolatie, alles is even voortreffelijk.

Minimalistisch logeren – **Skeppsholmen Hotell:** G 6, Gröna Gangen 1, Skeppsholmen, tel. 08 601 30 05, www. hotelskeppsholmen.se, bus 65, 2 pk ca.

SEK 1000-6000. Dit designhotel met een militair verleden als kazerne bekoort door een prachtige ligging op het mooie eiland Skeppsholmen – midden in de stad en toch achteraf. De historische gebouwen uit de 18e eeuw bieden het passende decor voor minimalistisch design. Alles is heel eenvoudig, maar stijlvol. Het ontbijtbuffet onthaalt de gasten op goede ecologische kost.

Individueel – **Story Hotell:** F 4, Riddargatan 6, Östermalm, tel. 08 54 50 39 40, www.storyhotels.com, T-Östermalmstorg, bus 2, 55. De 82 kamers hebben allemaal een eigen sfeer. De bandbreedte reikt van de minikamer (11 m²) voor SEK 990 tot aan de suite (54 m²) voor SEK 2890. Het hotel knoopt aan bij grootsteedse kunstenaarshotels zoals in New York. Het is een goede uitvalsbasis voor de verkenning van de designwereld in Stockholm. Mooie hotelbar.

De drijvende jeugdherberg op het zeilschip Af Chapman

Eten en drinken

Van haute cuisine tot een degelijke maaltijd

De Zweedse keuken heeft zich ontwikkeld tot een speeltuin voor fijnproevers, daarvan kunt u zich in de toprestaurants van Stockholm zelf heel goed overtuigen. De goede, maar wat bescheidener geprijsde restaurants serveren veel degelijke, door de Franse keuken beïnvloede gerechten. Verder hebben sommige toprestaurants een 'achterkamertje' (*bakficka*), waar u in een ontspannen bistrosfeer kunt kennismaken met wat men in een Michelinsterkeuken zoal kookt. Stockholm telt in totaal ongeveer 1500 restaurants, en de horeca in de Zweedse hoofdstad is voortdurend in beweging. Zweden gaan graag uit eten, maar ze vormen een kritisch publiek. Daar staat tegenover dat ze heel ontvankelijk voor nieuwe initiatieven zijn.

Overdadig ontbijten

In de meeste hotels biedt men een overdadig ontbijtbuffet aan. Tot de klassieke *frukost* hoort een bord muesli met *flingor* (graanvlokken) of cornflakes en gedroogd fruit, dat wordt overgoten met melk, vloeibare yoghurt of dikke melk (*filmjölk*). Soms wordt er naast gekookte eieren, vleeswaren, diverse kazen, marmelade en vers fruit ook ingelegde haring op het buffet gezet. Typisch Zweeds zijn het zoetige, kruidige bruinbrood en uiteraard knäckebrod, dat vooral heerlijk is met jonge smeerkaas en een heel dun laagje smeerbare kaviaar.

Kleine hapjes als lunch en 's avonds middag

Voor de middagmaaltijd (*lunch*), die tussen 12 en 14 of 14.30 uur genuttigd wordt, hebben veel cafés en speciale *lunchrestauranger*, maar ook duurdere restaurants vaak een goedkopere dagschotel (*dagens rätt*). Bij de prijs daarvan zijn meestal inbegrepen brood en salade van het buffet, leidingwater (soms op smaak gebracht met sap of fruit) uit klaargezette karaffen, en koffie. Veel genuttigde gerechten voor de lunch zijn lasagne en groentetaarten (*paj*), bijvoorbeeld met broccoli, spinazie of courgette. Maar men serveert ook zwaardere kost, zoals een stevige *oxfilé* of *biff Lindström* (frikadellen van rundvlees).

Wie 's middags flinke trek heeft, kan zich op het *lunchbuffé* storten. Voor een all-inprijs kunt u dan zo veel van het beroemde smörgåsbord proberen als u op kunt. Het aanbod in dit typisch Zweedse buffet loopt uiteen van ingelegde haring, leverpasteien, worsten en kazen tot vleesballetjes (*köttbullar*), ovenschotels als *Janssons frestelse*, groentegerechten en zoete desserts. Maar de uitgebreidste maaltijd voor de lunch is het *julbord*, dat veel restaurants in de weken voor Kerstmis op de kaart hebben staan.

De avondmaaltijd heet verwarrend genoeg *middag*, meestal een meergangenmenu – een dure aangelegenheid, vooral als er wijn bij wordt gedronken

Alcohol

Op alcohol wordt in Zweden nog altijd een bovengemiddelde hoeveelheid accijns geheven, en is alleen in restaurants met de aantekening (*fullständiga*) *rättigheter* te krijgen. Bier met minder dan 3,5% (*folköl, mellanöl, lättöl*) vindt u ook in de supermarkt en in restaurants zonder vergunning. Sceptische bierkenners moeten weten dat dit evenementenbier veel beter smaakt dan de lightbieren bij ons. Een fles wijn bij het eten kost vanaf ongeveer SEK 400; vaak wordt wijn ook per glas verkocht, dan betaalt u ongeveer SEK 80. Kraanwater (*bordsvatten*) bij het eten is overal gratis.

Zweedse koffietafel en afternoon tea

De Zweden zijn hartstochtelijke koffiedrinkers – wereldwijd staan ze op plaats twee wat de koffieconsumptie betreft. Daarom is het aanbod aan koffiesoorten en -bereidingen overweldigend en het aantal cafés is legio. 'Normale' filterkoffie (*bryggkaffe*) wordt in veel cafés en restaurants bijgeschonken (*med påtår*), anders kunt u uzelf bij het buffet van een extra kopje voorzien.

Theedrinken is een rage in Zweden! Naar Engels voorbeeld gebruiken voornamelijk chique jonge mensen met elkaar de 'afternoon tea'. Daar hoort – net als bij de koffie – zoetigheid bij. Exotische kruiden als kaneel, kardemom en gember worden in de bakkerij vooral (maar niet uitsluitend) rond Kerstmis gebruikt en zorgen voor verrassende smaakervaringen. Mooie hapjes zijn *kanelbulle* (kaneelkoeken) en *wienerbröd* (bladerdeeggebak). Bij de koffie worden ook chocolade-, amandel- en haverkoekjes geserveerd. **Culinaire woordenlijst** zie blz. 116.

Cafés en lunchrestaurants

Klassiek cultuurcafé – **Café Blå Porten:** H 6, Djurgårdsvägen 64 (naast Liljevalchs Konsthall), Djurgården, tel. 08 662 71 62, www.blaporten.com, bus 44, tram, ma.-vr. 11-22, za., zo. 11-19 uur, lunch ca. SEK 100-150. Het mooist is de binnenplaats naast de Konsthall, die beschutting biedt tegen de wind. Gerechten met mediterrane invloeden. Als lunch serveert men een stevige soep of een warme dagschotel, maar er is ook ciabatta met mozzarella of parmaham, en uiteraard koffie met gebak.

Very very British – **Classic Tea Room:** B/C 3/4, Rörstrandsgatan 25, Vasastaden, tel. 08 631 02 00, www.classic tearoom.se, T-Sankt Eriksplan, di.-zo. 11-18 uur, lunch SEK 95, afternoon tea SEK 110-210. Thee wordt hier gedronken in rode pluche fauteuils en een ongedwongen Engelse sfeer. Cream tea met scones of sandwiches als lunch zijn de klassiekers; bovendien diverse theesoorten en gebak naar Engels recept. Voor de 'Five o'clock tea' kunt u het beste reserveren!

Brood en banket van topkwaliteit – **Flickorna Helin & Voltaire:** H 5, Rosendalsvägen 14, Djurgården, tel. 08 664 51 08, www.helinvoltaire.com, bus 44, 69, tram, ma.-za. 9-17, zo. 10-17 uur ('s zomers langer), gerechten rond SEK 100, soep SEK 76. De 'meiden' (*flickorna*) heten Susanne Helin (bakker) en Lotta Voltaire (schrijfster van kookboeken). De uitspanning in het curieuze Skånska-Gruvanhuis, dat in 1897 werd gebouwd, biedt vanaf het terras een prachtig uitzicht op het water van Djurgårdsbrunnsviken – 's winters kunt u bij de open haard zitten als in een grot. Bij het heerlijke brood uit eigen bakkerij worden soepen, kleine gerechten en smakelijk gebak geserveerd.

Eten en drinken

Sociaal project – Grillska Huset: ▮
kaart 2, F 6, Stortorget 3 (boven, aan
de rand van het plein), Gamla stan,
T-Gamla stan, bus 2, ma.-vr. 10-18, za.,
zo. 11-18 uur, saladebuffet, soep SEK 70,
dagschotel (ma.-vr. 11-14 uur) SEK 75.
Dit café-restaurant van de Stockholmse
stadsmissie, een instelling die zich in-
zet voor de opvang van daklozen en
ook een bakkerij en talrijke uitdrage-
rijen exploiteert, is een prima adres
om wat te gebruiken na een ontdek-
kingstocht door de binnenstad. Hier
kunt u bij koffie en gebak of goedkope,
maar creatieve daggerechten weer wat
krachten opdoen. Op het terras op de
binnenplaats is het goed toeven.

Populair café – Kaffekoppen: ▮ kaart
2, F 6, zie blz. 37.

**Familievriendelijk in het groen –
Lasse i Parken:** ▮ C 7, Högalidsgatan
56, Södermalm, tel. 08 638 33 95, www.
lasseiparken.se, T-Hornstull, bus 4, mei
en sept. ma.-za. 11-20, zo. 11-17, juni-aug.
dag. 11-20, okt.-mrt., za., zo. 11-17 uur.
Café-idylle in een klein historisch houten huis in een park vlakbij de brug
Västerbron. Lunch (ma.-vr., SEK 95),
sandwiches en koffie met gebak, 's
avonds ook eenvoudige lichte kost
(ca. SEK 150-200). Aangenaam terras
en bijzonder kindvriendelijk. Populair
doel voor zondagsuitjes. 's Zomers ook
openluchttheater.

Tuincafé – Rosendals Trädgårdscafé:
▮ K 6, zie blz. 59.

Ouderwetse knusheid – Sturekatten:
▮ F 4, Riddargatan 4, Östermalm, tel.
08 611 16 12, T-Östermalmstorg, bus 2,
55, ma.-vr. 8-20, za. 9-17, zo. 12-17 uur.
Een steile wenteltrap voert van de on-
opvallende ingang naar het populaire
café-theehuis. De zaak heeft twee eta-
ges met kleine nisjes, scheve muren en

ouderwetse sofa's. Op de grond liggen
zachte tapijten en in de vensterbanken
staan potten met planten.

**Traditiebewust – Sundbergs kondi-
tori:** ▮ kaart 2, F 6, zie blz. 37, 87.

Klassiek café – Vete-Katten: ▮ E 4/5,
Kungsgatan 55, Norrmalm, tel. 08 20
84 05, www.vetekatten.se, T-Hötorget,
bus 1, ma.-vr. 7.30-20, za. 9.30-17 uur.
Ontbijt, lichte lunch (*paj* en pasta ca.
SEK 80) en de lekkerste taarten, gebak
en andere zoetigheden – ideaal voor
de koffiepauze of een tussendoortje.
Goed gesorteerde broodwinkel.

Goed en goedkoop

**Pasta, pizza en meer – Ciao Ciao
Grande:** ▮ G 4, Storgatan 11,
Östermalm, tel. 08 667 64 20, www.ciao
ciaogrande.se, T-Östermalmstorg, ma.-
vr. 11-22.30, za. 12-23, zo. 12-22.30 uur,
pizza SEK 76-137, pasta SEK 136-189.
Op de kaart staan tal van mooie dunne pizza's in alle smaken, vele heerli-
ke pasta's en een paar vleesgerechten
(maximaal SEK 290). De keuken is au-
thentiek Italiaans, en het restaurant is
ook heel geliefd bij gezinnen met kinderen. In het weekeinde moet u in ieder geval reserveren.

**Soep als hoofdgerecht – Sibiriens
Soppkök:** ▮ E 2, Roslagsgatan 25/
hoek Frejgatan, Vasastaden, tel. 08
15 00 14, T-Tekniska Högskolan of
T-Odenplan, bus 53 naar Frejgatan,
ma.-vr. 10-22, za. 12-21 uur (juli gesl.),
SEK 78-145. In dit piepkleine souterrain
in het tochtige noordoosten van Vasastan (vandaar 'Siberië') met vijf tafeltjes
biedt men dagelijks de keuze uit tien
tot vijftien soepen uit alle delen van de
wereld. De soep wordt geserveerd met
brood en roomkaas. Er zijn ook tapas
en andere kleine hapjes.

Sfeervol

Trendy café op Söder – **Café String:**
G 8, zie blz. 65.

Kostelijke Italiaanse vleesgerechten –
Döden i grytan: ▓ D 2, Norrtullsgatan
61, Vasastaden, tel. 08 32 50 95, www.
visomkanmat.se, T-Odenplan, bus 2,
di.-za. 17.30-24 (keuken tot 23), zo. 17.30-
23 uur, hoofdgerechten (secondi) vanaf SEK 200, wijn (glas) SEK 80-135. De
'Dood in de pan' (Döden i grytan) presenteert authentieke Italiaanse keuken in de vorm van steak, konijn, kip
en andere kostelijke vleesgerechten.
Bovendien overheerlijke patate frittate,
ofwel patates frites op z'n Italiaans, be-

reid met een vleugje geraspte parme-
zaanse kaas. U rondt de maaltijd af met
een heerlijk dessert, zoals de semifred-
do of savoiardi (SEK 75). Reserveren is
aan te bevelen.

Italiaans en uit de zee – **Den Gamle
och Havet:** ▓ E 3, Tulegatan 27,
Norrmalm, tel. 08 661 53 00, www.
visomkanmat.se, T-Rådmansgatan, bus
2, di.-za. 18.30-24 (keuken tot 23 uur),
zo. 18.30-22.30 (keuken tot 22 uur), midden juli-midden aug. gesl., ca. SEK 150-
250. Met de naam 'De oude man en de
zee' roept het restaurant literaire asso-
ciaties op. De familie Campogiani legt
in de menukaart het accent op vis en
zeevruchten. De Italiaanse keuken to-

Eeen elegante eetzaal en edele ambiance – de tafel is gedekt bij Operakällaren

vert overheerlijke pasta's en risotto op tafel. Men serveert meer dan royale porties en uitnemende wijnen.

Stijlvol buiten eten – Josefina: ▇ H 5, Galärvarvsvägen 10, Djurgården, tel. 08 664 10 04, www.josefina.nu, bus 44, tram, restaurant mrt.-dec. ma.-vr. vanaf 11.30 uur, za., zo. 12-1 uur, café mei sept. 10-1 uur, hoofdgerechten SEK 200-300. Overdag en 's avonds stijlvol restaurant, dat in de zomer ook dienstdoet als café. Het terras achter het Nordiska Museet met uitzicht op het water is 's zomers een trefpunt van nachtbrakers. U krijgt hier klassieke Zweedse gerechten voorgeschoteld, maar dan in een trendy variant, zoals panharing of *biff Rydberg*.

Brasserie met rijke traditie – Prinsen: ▇ F 4, Mäster Samuelsgatan 4, Norrmalm, tel. 08 611 13 31, www.restaurant prinsen.com, T-Östermalmstorg, ma.-vr. 11.30-23.30, za. 13-23.30, zo. 17-22.30 uur, hoofdgerechten SEK 180-300, desserts vanaf SEK 125. Sedert 1897 serveert het als brasserie in Franse stijl ingerichte restaurant met hoge plafonds en houten lambriseringen gastronomische klassiekers als gravad lax, wildzwijnpastei of crème brûlée. En dit alles in een gezellige nostalgische sfeer – altijd een bezoek waard.

Designkeuken – Rolfs Kök: ▇ E 4, Tegnérgatan 41, Norrmalm, tel. 08 10 16 96, www.rolfskok.se, T-Rådmansgatan, ma.-vr. 11.30-1, za., zo. 17-1 uur (juli/aug. wegens vakantie gesl.), lunch SEK 129, hoofdgerechten SEK 195-335. De inrichting, met een open keuken en spaarzame details van ontwerper-kunstenaar Thomas Bohlin, was tegen het einde van de 20e eeuw trendsettend. Dat is alleen al een bezoek waard 'bij Rolf', ook al is er inmiddels een andere eigenaar. Op de kaart van dit restaurant

met stijl staan wild, gevogelte, lam en vis, die in een prima combinatie van de Zuid-Europese en Zweedse keukens ter tafel komen.

Heel inventieve fusionkeuken – Spisa hos Helena: ▇ D 5, Scheelegatan 18, Kungsholmen, tel. 08 654 49 26, www. spisahoshelena.se, T-Rådhuset, bus 40 en 69, ma.-vr. 11-24, za. 15-24, zo. 15-23 uur, lunch vanaf SEK 89, hoofdgerechten SEK 180-280. Dit is een bijzonder populair en vooral tijdens de lunch goed bezocht restaurant in het in gastronomisch opzicht nog enigszins onderbelichte Kungsholmen. U vindt het restaurant tegenover het gerechtsgebouw. In de keuken bereidt men op creatieve wijze Zweedse gerechten met oosterse en mediterrane invloeden. Lena Nygårds en Helene Jansson blinken uit in raffinement en veelzijdigheid, bijvoorbeeld met hun klassieke *wallenbergare* met rode bosbessen en aardappelpuree of de in de wok gebakken scampi's met Thaise curry in kokosmelk. Daar schenken ze met zorg geselecteerde wijnen bij, wat dit tot het beste eethuis van Kungsholmen maakt.

Populaire fusionkeuken – Systrarna Lundberg: ▇ C 4, Rörstrandsgatan 12, Vasastaden, tel. 08 30 57 47, www. systrarnalundberg.se, T-Sankt Eriksplan, ma.-vr., zo. 16-22, za. 12-24 uur, hoofdgerechten SEK 100-140, wijn (glas) vanaf SEK 59. Het restaurant in bistrostijl serveert gerechten, die het beste uit alle windstreken combineren – klassieke fusionkeuken, met voor ieder wat wils. Het restaurant behoort tot de populairste in de wijk Birkastan. Daarom is het lokaal bij de Lundbergs elke avond vol: u dient vroeg te komen, want u kunt niet reserveren!

Toprestaurants

Degelijk – Clas på Hörnet: ▨ E 2/3, Surbrunnsgatan 20, Vasastaden, tel. 08 16 51 36, www.claspahornet. se, T-Tekniska Högskolan, bus 4 en 53, ma.-vr. 11.30-23.30, za. 17-24, zo. 17-22 uur, lunch SEK 100-275, menu (drie gangen, zonder drankjes) SEK 400-450. Het knusse kleine houten gebouwtje uit 1731, een voormalige boerderij, die in de 18e eeuw nog aan de rand van de stad stond, doet aan als een verloren oase van het verleden midden in de grote stad, op steenworp afstand van de Birger Jarlsgatan. Het restaurant biedt Zweedse gerechten met mediterrane invloeden van allerhoogste kwaliteit.

Sterrenrestaurant met veel vlees – Leijontornet/Djuret: ▨ kaart 2, F 6, Lilla Nygatan 5, Gamla stan, tel. 08 50 64 00 80, www.leijontornet.se, T-Gamla stan, di.-za. 18-22 uur (gesl. ca. juli-midden aug.), menu SEK 650-895. Het in 2007 voor zijn innovatieve keuken onderscheiden restaurant in een middeleeuwse torenruïne kreeg sindsdien geregeld een van de begeerde Michelinsterren. Het biedt Scandinavische gerechten, voornamelijk bereid met ecologische producten, bijvoorbeeld lamsvlees uit Österlen (Skåne) of Noorse oesters. De bakficka draagt de toepasselijke naam Djuret – 'het dier' – niets voor vegetariërs. Het rustieke, als een jachthut ingerichte restaurant (ma.-za. 17-24 uur, geen vakantiesluiting) zet alles op tafel wat het slachtdier te bieden heeft, vanzelfsprekend subliem klaargemaakt (SEK 200-300).

Bij een topkok – Mathias Dahlgren: ▨ kaart 2, F 5, Bolinderska Palatset, naast het Grand Hôtel, Södra Blasieholmshamnen 8, Blasieholmen, tel. 08 679 35 84, www.mdghs.com, T-Kungsträdgården, bus 65, bar ma.-vr. 12-14, 18-24, za. 18-24 uur, eetzaal ma.-za. 19-24 uur, gerechten aan de bar ca. SEK 100-300. Voor velen geldt Mathias Dahlgren als de beste kok van Zweden. Het naar hem genoemde restaurant onder de vleugels van het Grand Hôtel is niet zijn eerste. Fijnproevers hebben de keuze tussen de exquise gerechten in de Matsalen (eetzaal) of – ietwat informeler en goedkoper – de wat eenvoudigere gerechten in de Matbaren (bargedeelte). Beide restaurants kregen in 2009 Michelinsterren. Het accent ligt op regionale ingrediënten en met het seizoen wisselende menu's: een uitstekende keuken met verrassingen.

Elegant – Operakällaren: ▨ kaart 2, F 5, Opera, Karl XII:s torg, Norrmalm, tel. 08 676 58 00, www.opera kallaren.se, T-Kungsträdgården, bus 2 en 55, hoofdgerechten vanaf SEK 300. Onder een kunstig beschilderd rococoplafond en fonkelende kroonluchters eet u hier uitstekende gerechten uit de op Franse leest geschoeide keuken. Ze hebben het restaurant een Michelinster opgeleverd. En natuurlijk geven veel beroemdheden hier acte de présence.

Exquisiete visgerechten – Wedholms Fisk: ▨ kaart 2, F 5, Nybrokajen 17, Norrmalm, tel. 08 611 78 74, www.wedholmsfisk.se, T-Kungsträdgården, bus 62 en 69, ma. 11.30-14, 18-23, di.-vr. 11.30-23, za. 17-23 uur, lunchmenu (drie gangen) ca. SEK 300, hoofdgerechten à la carte SEK 300-600. Dit fijnproeversrestaurant kan bogen op een Michelinster: het beste adres in de stad voor vis en schaaldieren. Heilbot, zalm en schol worden bereid met champagne en truffels, en op de kaart staan verder heerlijkheden uit de zee als jakobsschelpen en kreeft.

Buiten zitten in het hart van de stad: bij Caféterrassen aan de Kungsträdgården

Typisch Zweeds

Burgerkost met rococo – **Den Gyldene Freden:**  kaart 2, F 6, zie blz. 35.

Modern Scandinavisch – **1900:** F 4, Regeringsgatan 66, Norrmalm, tel. 08 20 60 10, www.r1900.se, T-Hötorget, lunch (ma.-vr.) SEK 115, hoofdgerechten 's avonds SEK 225-315. Afgezien van het op boerenschilderkunst geïnspireerde interieur is dit restaurant in het overigens wat trieste Norrmalm een moderne oase. Uit de open keuken komen verfijnde Scandinavische gerechten, zoals wild en vis, in klassieke en creatieve creaties. Geen wonder ook, want dit restaurant wordt gerund door de in Zweden bekende televisiekok Niklas Ekstedt.

Kleine ruimte, prima gerechten – **Operakällarens Bakficka:** kaart 2, F 5, Karl XII's torg (tegenover de Jakobskyrka), Norrmalm, tel. 08 676 58 09, www.operakallaren.se, T-Kungsträdgården, ma.-vr. 11.30-23, za. 12-22 uur, lunch SEK 129-175. In deze kleine, blauw-wit betegelde 'achterzaal' (bakficka) varieert men op de culinaire creaties uit de met een Michelinster bekroonde keuken van de Operakällaren. Bij mooi weer kunt u 's zomers ook in comfortabele rieten stoelen op het terras eten.

Nostalgische bierhal – **Pelikan:** buiten F 8, Blekingegatan 40, Södermalm, tel. 08 55 60 90 92, www.pelikan.se, T-Skanstull, ma.-do. 16-24, vr., za. 13-1, zo. 13-24 uur. Uitnodigende ölhall met een nostalgische ambiance, bier en eenvoudige gerechten, zoals köttbullar (gehaktballetjes met rode bessen en roomsaus, SEK 175). Talrijke biersoorten, waaronder diverse uit Tsjechië. De in 1904 geopende zaak zit vaak bomvol. Het is een populair trefpunt voor een gevarieerd publiek.

Gezellige kroeg – **Tennstopet:** ▨ D 3, Dalagatan 50/hoek Odengatan, Vasastaden, tel. 08 32 25 18, www.tenn stopet.se, T-Odenplan, bus 4, 53, ma.-vr. 16-1, za., zo. 13-1 uur. Populaire en zeer traditionele gelegenheid met gemoedelijke sfeer. Men serveert degelijke Zweedse kost: kleine hapjes aan de bar, zoals knäckebrot met oostzeeharing *(strömmingsknäcke)* voor SEK 47; gehaktballetjes kosten SEK 162 en een kalfsschnitzel SEK 268. Specialiteit is *råbiff* (tartaar) met een scheutje *konjak* (SEK 207).

Klassieke burgerpot – **Tranan:** ▨ D 3, Karlbergsvägen 14 (aan Odenplan), Vasastaden, tel. 08 52 72 81 00, www. tranan.se, T-Odenplan, bus 2 en 4, sept.-mei ma.-vr. 11.30-1, za., zo. 17-1 uur (juni-aug. alleen ma.-vr. 17-1 uur), SEK 220-260. *Köttbullar* of *biff Rydberg*, gebakken haring of erwtensoep – de traditionele Zweedse kost is het vaste standbeen van de 'kraanvogel' *(trana)*. Op het bord buiten staat met krijt het menu vermeld, de tafelkleedjes zijn rood-wit geruit, dus alles is hier zo ouderwets als maar kan. Verder kunt u tot diep in de nacht doorzakken in de populaire bar in de kelder met zijn eigen ingang (zie blz. 109).

Vegetarisch

Trendy restaurant – **Chutney:** ▨ F 8, zie blz. 66.

Aan het water – **Copacabana:** ▨ C 8, Hornstulls strand 3 (nabij Liljeholmsbadet), Södermalm, tel. 08 669 29 39, www.kafecopacabana.com, T-Hornstull, ma.-do. 10-21, vr. 10-19, za.,

zo. 11-19 uur. De fraai gelegen trendy zaak, met uitzicht op het water, heeft naast de bioscoop Rio een goed aanbod voor veganisten, maar er staat ook vis op de menukaart. Voor de lunch zijn er rijke groentesoepen en salades of een dik belegde garnalentoast (SEK 75). Alles is even gezond en alternatief, en u kunt er van smullen aan de zonzijde van Södermalm.

Ecologisch – **Hermans Trädgårdscafé:** ▨ G 7, Fjällgatan 23 A, Södermalm, tel. 08 643 94 80, www.hermans.se, bus 2, 3, 53 naar Tjärhovsplan, ma.-vr. 11-21, za., zo. 12-21 uur, buffet SEK 100, koffie en gebak SEK 50-60. Dit adres is niet alleen aantrekkelijk voor liefhebbers van de biologische keuken: gratins, lasagne, rijke salades en lekker brood, en dat met prachtig uitzicht op de stad. Het terras van het café is bij mooi weer een van dé pleisterplaatsen van zonaanbiddende Stockholmers, toeristen en gezinnen met kinderen die graag een ijsje willen. Geen alcohol, diverse soorten kruidenthee.

Lichte kost – **Hermitage:** ▨ kaart 2, F 6, zie blz. 37.

Mediterrane keuken – **Södermanna:** ▨ F 8, Söderhallarna 3-5, Södermalm, tel. 08 643 18 05, T-Medborgarplatsen, ma.-za. 11-20 uur, ca. SEK 70-85. Dit restaurant, dat gevestigd is op de benedenverdieping van een markthal (ingang aan de noordzijde), biedt een keur aan vegetarische heerlijkheden aan, zoals falafel, linzensoep en verse salades. De mediterrane en oosterse invloeden zijn onmiskenbaar, waarbij fantasierijk met verse kruiden wordt gewerkt. De kaart biedt ook mogelijkheden voor veganisten.

Winkelen

Winkelpassages en markthallen

Winkelpassages, *galleria* in het Zweeds, met een reeks winkels en filialen van diverse winkelketens, bepalen het beeld van de binnenstad, in de eerste plaats Gallerian, 'de galerie', tussen Hamngatan en Jakobsgatan, en Sergelgången, een ondergronds winkelcentrum tussen Sergels torg en Hamngatan dat doorloopt tot het warenhuis NK. Ook buiten het centrum zijn dergelijke passages ontstaan, zoals Sturegalleria in Östermalm en Västermalmsgalleria in Kungsholmen. En naast dergelijke passages zijn er de markthallen, waar stalletjes, restaurants, delicatessenzaakjes en klassieke marktkooplieden brood en banket, vlees, vis, kaas, worst, bloemen, groente, fruit en nog veel meer aanbieden.

Belangrijke winkelstraten

In het oude centrum Gamla stan domineren de toeristenwinkels de Västerlånggatan, terwijl zich in de rustigere Österlånggatan vooral galerieën, designwinkels en kunstnijverheidszaken bevinden. Ten noorden van het slot en de Rijksdag begint echter het serieuzere winkelaanbod: Drottninggatan is de grootste winkelstraat van Stockholm, met van Riksbro tot Hötorget onafgebroken kledingwinkels, warenhuizen en vestigingen van belangrijke modeontwerpers. In de buurt tussen de drukke straten Hamngatan/Klarabergsgatan en Kungsgatan vindt u de twee grote warenhuizen van Stockholm, Åhléns City en NK. De Biblioteksgatan gaat over in de deftige Östermalm, waar het aanbod uit chique design- en modewinkels en zaken voor woninginrichting bestaat.

Ontdekkingen in de stadswijken

Wie eens wat anders zoekt, kan in de wijken buiten het centrum allerlei ontdekkingen doen. Aan de belangrijkste winkelstraat van Södermalm, Götgatan, bevinden zich uitstekende kunstnijverheidswinkels en speciaalzaakjes. Leuke koopjes vindt u in de buurt 'SoFo', ten zuiden van Folkungagatan, en muziekliefhebbers gaan naar de buurt rond Sankt Eriksplan met veel platen en cd-winkels. De hoogste dichtheid aan antiek- en rommelwinkels vindt u in Vasastan. Begin uw zoektocht in Odengatan, Roslagsgatan en Upplandsgatan. Wie bereid is wat meer dan de gemiddelde souvenirprijs te betalen, kan zijn inkopen doen in de exclusieve Östermalm.

Rea – het grote koopjesfestijn

Als in de Zweden de zomervakantie begint, kelderen de prijzen in de winkels. 'Rea' is de afkorting voor 'Realisation', wat weer middenstandsjargon voor de uitverkoop is. De prijzen voor zomermode en sportartikelen dalen tussen midden juli en midden augustus met 50 tot 70 procent. Vooral voor merkartikelen kan een tochtje naar Stockholm in die periode heel lucratief zijn.

Antiek en tweedehands

Kleurrijk – **Beyond Retro Vintage Clothing:** ▦ G 8, zie blz. 66.

Kakelbonte spullen – **retro.etc:** ▦ F 8, Folkungagatan 65, Södermalm, www.retroetc.se, T-Medborgarplatsen, ma.-vr. 11.30-18.30, za. 11-16 uur. De stijlvaste rode draad van deze zaak is 'retro kakelbont', een gevarieerde mengeling van tweedehands en nieuw, o.a. van de ontwerpster Lotta Kühlborn. Wie een zwak heeft voor spullen uit de bonte jaren zestig en zeventig, komt hier aan haar of zijn trekken.

Boeken en cd's

Oude en nieuwe schijven – **Atlas CD-börs:** ▦ C 4, Sankt Eriksgatan 78, Vasastaden, T-Sankt Eriksplan, ma.-vr. 12-18, za. 11-15.30 uur. Ruim aanbod van nieuwe en tweedehands cd's van alle muziekstijlen.

Voordelig – **Bengans Skivbutik:** ▦ E 5, Drottninggatan 20, Norrmalm, www.bengans.se, T-Centralen, ma.-vr. 10-18.30, za. 10-17, zo. 12-16 uur. Grote cd-zaak met filialen in heel Zweden, hier in het plaatselijke voetgangersgebied met veel speciale aanbiedingen.

Wereldmuziekspecialist – **Multi Kulti:** ▦ F 7, Sankt Paulsgatan 3, Södermalm, T-Slussen, ma.-vr. 11-18.30, za. 11-16, zo. 12-16 uur ('s zomers zo. gesl.). Deze zaak is gespecialiseerd in muziek uit de hele wereld. U vindt hier ook een gezellig café, dat het aanbod van wereldmuziek culinair vervolmaakt.

Legendarisch – **Pet Sounds:** ▦ G 8, Skånegatan 53, Södermalm, T-Medborgarplatsen, ma.-vr. 11-19, za. 11-16 uur. Al 25 jaar runt Stefan Jakobsson zijn legendarische muziekwinkel, waar zo nu en dan zelfs concerten plaatsvinden – beste lokale adres voor popmuziek en literatuur daarover.

Voor platenjagers – **Record Hunter:** ▦ C 4, Sankt Eriksgatan 70, Vasastaden, T-Sankt Eriksplan, ma.-vr. 11-19, za. 11-17, zo. 12-16 uur. Op de begane grond worden nieuwe cd's aangeboden, in de kelder is alles tweedehands – in totaal zijn er wel zo'n 20.000 cd's en dvd's in voorraad. Veel hiphop.

Zweedse literatuur – **Sweden Bookshop:** ▦ kaart 2, F 6, zie blz. 33.

Cadeaus en souvenirs

Uit alle windstreken – **Afroart:** ▦ F 4, zie blz. 45; filiaal in de Hornsgatan 58, www.afroart.se.

Traditioneel Zweeds handwerk – **IRIS Hantverk:** ▦ E 4, Kungsgatan 55, Norrmalm, T-Hötorget of T-Centralen, ma.-vr. 10-18, za. 10-16 uur ('s zomers 10-14 uur). Vroeger bekend onder de naam Svenskt Hantverk. Ambachtelijk gemaakte producten uit heel Zweden, speciaal voor gebruik thuis: van wortelborsteltjes tot linnen tafellakens en kaasschaven.

Koninklijke souvenirs – **Slottsboden:** ▦ kaart 2, F 6, zie blz. 33.

Voor kooplustigen is er een **gratis busrit naar het Shoppingcenter Kungens Kurva**, dat zich voor de poorten van de stad aan de E4 bevindt, met ook en vooral IKEA. De gratis 'IKEA-bus' vertrekt bij de uitgang Regeringsgatan van de winkelpassage Gallerian (T-Kungsträdgården) elk uur (op bepaalde tijden ook 2 x per uur).

Prachtig qua kleur en vorm – Zweeds glasdesign

Hoogwaardig, traditioneel en be-taalbaar – **Svensk Hemslöjd:** ▨ E 4, Sveavägen 44, Norrmalm, T-Hötorget, uitgang Olof Palmes gata, bus 59 naar Hötorget, ma.-vr. 10-18, za. 10-15 uur (juli za. 10-14 uur). Officieel verkooppunt van de vereniging Svensk Hemslöjd, die de traditionele volkskunst bevor-dert. De winkel verkoopt hoogwaar-dige producten uit alle delen van het land – voorwerpen van eenvoudige natuurlijke materialen als hout, gietij-zer, linnen of wol. Betaalbare en prak-tische cadeautjes, die werkelijk het eti-ket 'made in Sweden' verdienen.

Design en kunstnijverheid

Eersteklas design – **Asplund:** ▨ G 4, zie blz. 47.

Glas en keramiek – **blås & knåda:** ▨ E 7, zie blz. 62.

Klassieke stijlvolle zitmeubels – **Carl Malmsten:** ▨ kaart 2, F 5, zie blz. 45.

Breed assortiment – **Design House Stockholm:** ▨ F 5, Smålandsgatan 11, bij Norrmalmstorg, Östermalm, www. designhousestockholm.com, T-Öster-malmstorg, bus 2 naar Norrmalmstorg,

ma.-vr. 10-18.30, za. 10-17, zo. 12-16 uur.
Een showroom voor de producten van
uitgelezen designers. U kunt hier interessante ontdekkingen doen en met
praktische ontwerpen kennismaken.

Handige ideeën en meer – **Designtorget:** E 5, Sergels Torg, Kulturhuset, Norrmalm, www.designtorget.
se, T-Centralen, uitgang Sergels torg,
bus 69, ma.-vr. 10-19, za. 10-18, zo. 11-
17 uur. Hedendaags design voor de
kleine beurs. Kenmerk: handige idee-
en en veel praktisch nut: variërend van
kleine meubels voor badkamer, keuken
of garderobe tot gereedschappen, sieraden en stoffen. Er zitten filialen van
Designtorget in de Nybrogatan 16 (zie
blz. 47) en in de Västermalmsgallerian
(T-Fridhemsplan).

Ambachtelijke producten – **125 kva-
dratkonsthantverk:** F 8, Kocksgatan
17, Södermalm, www.125kvadrat.com,
T-Medborgarplatsen, ma.-vr. 11-18, za.,
zo. 11-16 uur. De zaak ontstond in 1984
als verkooppunt van een coöperatief
van ambachtslieden. U kunt er onder
andere werk van goud- en zilversme-
den, textiel, glas en keramiek kopen –
gegarandeerd origineel. Het is niet uit-
gesloten dat u hier een van de ca. 20
aangesloten kunstenaars ontmoet.

Bijzondere sieraden – **Galleri Metallum:** F 7, zie blz. 62.

Creatieve diversiteit – **Konsthantverkarna:** F 7, zie blz. 63.

Beroemde Scandinavische ontwerpers – **Modernity:** G 4, zie blz. 47.

Prachtig glas – **Nordiska Kristall:**
F 4, Kungsgatan 9, Norrmalm, www.
nordiskakristall.com, T-Centralen of Hötorget, ma.-vr. 10-18.30, za. 10-16, zo.
12-16 uur. Groot aanbod van prachtig
glaswerk uit de nieuwste collecties van
Zweedse glasfabrieken en -blazerijen op
twee verdiepingen in de Kungsgatan.
Daar kunt u op de benedenetage het
feestelijke eetgerei van het Nobelgala
bewonderen – en de glazen voor de dis

Koopjesjacht voor goede doelen

In Zweden hecht men in het algemeen minder waarde aan afvalscheiding dan
aan echte recycling – vooral chique tweedehandskleding staat bij modebe-
wuste mensen hoog in het vaandel. Dat men niet alleen duurzaamheid, maar
ook liefdadige instellingen helpt, is een prettig neveneffect. Vindplaatsen zijn
er op veel plaatsen in Stockholm; hier de interessantste:
Myrorna: F 8, Götgatan 79, T-Slussen of Medborgarplatsen, ma.-vr. 10-18,
za. 10-16 uur. De grootste van diverse tweedehandswinkels van het Leger des
Heils ('Myrorna' – de mieren) verkoopt naast kleding van goede kwaliteit ook
allerlei andere zaken, van serviezen tot stuiverromans, van sieraden tot kleine
meubels.
Stockholmse Stadsmissie: De winkels van de instelling voor daklozenopvang
verkopen bruikbare goederen afkomstig uit inboedels en van stichtingen,
vaak van goede kwaliteit: kleding, sieraden, porselein en glas. In het
historische huis **Grillska Huset,** kaart 2, F 6, (zie blz. 35) ligt het accent op
antieke spullen.
Meer winkels: C 5, Hantverkargatan 78, Kungsholmen; D 3, Hagagatan
3, Norrmalm, tegenover de Stadsbibliotheket, souterrain.

Winkelen

bij u thuis aanschaffen. Een andere winkel in de Österlånggatan 1, Gamla stan, is alleen 's zomers geopend, maar het is ook de moeite om er 's winters even langs te gaan: voordelige levering direct van de fabriek.

Sober en chic – Norrgavel: ▮ F 4, Birger Jarlsgatan 27, Östermalm, www.norrgavel.se, T-Östermalmstorg, bus 2 naar Eriksbergsgatan, ma.-vr. 10-18, za. 10-16 ('s zomers tot 15), zo. (sept.-apr.) 12-16 uur. Meubels van de architect Nirvan Richter, die weer schatplichtig is aan het Japanse minimalisme en de Shakertraditie – alles sober, duurzaam en bij voorkeur van natuurlijke materialen. Naast meubels ook keukengerei, porselein, glaswerk en textiel.

Glas van topkwaliteit – Orrefors Kosta Boda: ▮ F 4, Birger Jarlsgatan 15, Östermalm, T-Östermalmstorg, bus 2, 55 naar Stureplan, ma.-vr. 10-18, za. 10-16, zo. ('s zomers) 12-16 uur. De winkel van glasblazerijen van Småländ biedt uitsluitend topkwaliteit – voor glas is er geen beter adres denkbaar.

> Een veelbelovend jachtterrein voor liefhebbers van souvenirs zijn de **museumwinkels** van Stockholm. Zweedse spullen vindt u vooral in het Nordiska Museet (zie blz. 79) en in de winkel van openluchtmuseum Skansen (zie blz. 55), kinderboeken en Pippisouvenirs in Junibacken (zie blz. 74), curiositeiten in het Nobelmuseet (zie blz. 37) en het Etnografiska Museet (zie blz. 77), modern design en Engelstalige boeken over de kunsten in het Moderna Museet (zie blz. 49). Ook de museumwinkel van het Millesgården (zie blz. 67) heeft designliefhebbers heel wat te bieden.

Klassiek – Svenskt Tenn: ▮ kaart 2, F 5, zie blz. 45.

Originele en bonte stoffen – 10gruppen: ▮ F 7, zie blz. 63.

Levensmiddelen en delicatessen

Voor fijnproevers – Cajsa Warg: ▮ G 8, Renstiernas gata 20/hoek Kocksgatan, Södermalm, bus 3 naar Åsögatan, ma.-vr. 8-21, za., zo. 10-19 uur. Deze delicatessenzaak is niet zonder reden genoemd naar de schrijfster van het klassieke Zweedse kookboek 'Anno 1755'. Tussen de hoge stellingen in ruikt het een beetje naar voorbije eeuwen. Het devies is duidelijk veelzijdigheid in plaats van massa. Men verkoopt lekkers van over de hele wereld, en van alles alleen het beste. Of het nou om een Italiaanse pasta, gezouten groente (salicorne) uit Bretagne, Duitse pompernikkel of de lievelingsansjovis van wijlen koning Oscar gaat, het is er allemaal. En in het picknickseizoen verzorgt men ook lekkers om mee te nemen.

Voor lekkerbekken – Chokladfabriken: ▮ G 7, Renstiernas gata 12/hoek Tjärhovsgata, Södermalm, bus 2, 3, 53 naar Tjärhovsplan, ma.-vr. 10-18.30, za. 10-17 uur. Alles ruikt hier naar chocolade; de bonbons en petits fours worden ter plaatse gemaakt. U kunt door een raam zien hoe dat gebeurt en het resultaat meteen in het café verorberen. Bijzonder aanbevelenswaardig is de warme chocolademelk, wit of bruin, die heerlijk sterk naar cacao smaakt.

Chique biologische winkel met Bar – Urban Deli: ▮ G 8, zie blz. 64.

Markthallen en vlooienmarkten

Drie grote markthallen in Stockholm zijn een bezoek waard: de moderne **Hötorgshallen** E 4 (zie blz. 39), de traditionele **Östermalms saluhall** G 4 (zie blz. 46) en de moderne en grote **Söderhallarna** F 8 (Medborgarplatsen, Södermalm, T-Medborgarplatsen), waar ook mode- en andere winkels zijn. De meeste markthallen zijn geopend ma.-do. 9.30/10-18, vr. 9.30/10-18.30, za. 10-16 uur ('s zomers vr. en za. korter open).

Een **vlooienmarkt** wordt op zondag op de Hötorget gehouden: een bonte mengeling en lage prijzen. Er zijn nog meer vlooienmarkten in de voorsteden: in Sundbyberg (Sturegatan 48, Sundbyberg, T-Sundbybergs Centrum, uitgang richting Sundbybergs Centrum, links de Sturegatan in, aan het einde van de straat linksaf een parkeergarage in naast de veilinghal, ma.-vr. 11-18, za., zo. 10-18 uur). U kunt het beste in het weekend gaan. Dan is er het meeste te beleven op de vlooienmarkt, die in het Zweeds *loppmarknad* of *loppis* heet. Op de tafels liggen bergen kitsch en rommel uitgestald, maar u kunt er ook leuke koopjes in de wacht slepen. Een ideaal uitje voor een regenachtige dag.

Mode, sieraden, accessoires

Bijzondere sieraden – **Efva Attling:** F 4, Birger Jarlsgatan 9, Östermalm, www.efvaattlingstockholm.com, T-Östermalmstorg, ma.-vr. 10-18, za. 11-15 uur. In deze winkel van de bekende ontwerpster en zilversmid vindt u allerlei bijzondere sieraden.

Draagbare mode – **Gudrun Sjödén:** kaart 2, F 6, Stora Nygatan 33, Gamla stan, T-Gamla stan, ma.-vr. 10-18.30, za. 10-16, zo. 12-16 uur. De damesmode van Gudrun Sjödén wordt gekenmerkt door krachtige kleuren, natuurlijke materialen en sobere, maar effectieve ontwerpen. Er is nog een winkel in de Regeringsgatan 30, Norrmalm (▶ F 5).

Tweedehands mode – **Lisa Larsson Secondhand:** G 8, zie blz. 66.

Jeans, jeans, jeans – **Weekday:** F 7, zie blz. 63.

Warenhuizen en winkelpassages

Chic warenhuis – **NK (Nordiska Kompaniet):** F 5, Hamngatan 18-20, Norrmalm, www.nk.se, T-Kungsträdgården, bus 69, ma.-vr. 10-20, za. 10-18, zo. 12-17 uur. 'NK' – de initialen op het in de wijde omtrek zichtbare beeldmerk van het huis, de ronddraaiende klok, staan voor Nordiska Kompaniet. Het in 1915 geopende, door Ferdinand Boberg ontworpen bouwwerk is een architectonisch juweeltje met reliëfs van Carl Milles. Binnen vindt u merkkleding en alle andere spullen, die bekend en duur zijn. Ook goed is de afdeling levensmiddelen op de benedenverdieping, en op de afdeling voor horloges en sieraden kunt u zich een glas champagne gunnen.

Traditionele zaak aan de Hötorget – **PUB:** E 4, zie blz. 39.

Elegante winkelpassage – **Sturegallerian:** F 4, zie blz. 47.

Een stad die nooit slaapt

Stockholm is een stad met een druk nachtleven, en niet alleen 's zomers als de zon hooguit vier uur achter de horizon verdwijnt. Trendy bars, clubs en cafés, kroegen met livemuziek en discotheken, het aanbod aan nachtelijk plezier – *nöje* in het Zweeds – is net zo veelzijdig als het publiek. Ook diep in de nacht is het in de steegjes van Gamla stan nog een drukte van belang, maar net als overdag overheersen daar de toeristen. In Östermalm komen de mensen die zichzelf chic en elegant vinden – de portiers zien rond Stureplan niet alleen toe of de gasten wel oud genoeg voor het etablissement zijn, maar ook of ze wel gepast gekleed gaan. Wat dat betreft gaat het er op Södermalm meer ontspannen aan toe. Aan Medborgarplatsen bieden diverse cafés de gelegenheid buiten te zitten, en rond Mosebacke torg kunt u terecht in vele clubs en dansgelegenheden. Ook op Södermalm bevinden zich talloze etablissementen waar homo's heel welkom zijn.

Tips uit de pers

Een kennismaking met het nachtleven van Stockholm kunt u het beste beginnen in de donderdagbijlage van het dagblad DN, På Stan ('in de stad'), de vrijdageditie van de gratis krant 'Metro' of de eveneens kostenloze, op krantenformaat gedrukte 'Nöjesguiden'. In de advertenties in de rubriek 'klubbar' vindt u welke dj in welke club draait, want dat wisselt voortdurend. Een goede bron voor informatie over clubprogramma's en liveconcerten zijn de cd-winkels (zie blz. 101), waar men ook vaak kaartjes verkoopt. Informatie over de homoscene (en nog veel meer) vindt u in het op groot formaat uitgegeven blad 'QX'. Net als 'På Stan' is dat gratis verkrijgbaar bij het Stockholm Tourist Centre. 'Metro' wordt gratis verspreid in de *tunnelbana* en van 'QX' liggen er in veel winkels ook enkele exemplaren. Op internet staat een Engelstalige versie van het blad: www.qx.se.

Livemuziek te over

Stockholm is het centrum van de Scandinavische muziekwereld. De studio's, festivals en concerten zijn altijd druk bezet. De belangrijkste podia voor het Scandinavische jazzwereldje zijn de lokalen 'Fasching' en 'Nalen'. Op vrijdag- en zaterdagavonden gaat het leven in de cafés tot vroeg in de ochtend door. Om een plezierige avond te hebben, grijpen de Stockholmers dan niet per se naar grote hoeveelheden alcohol – omdat ze de muziek goed willen kunnen horen en omdat de drank erg duur is.

Bier of cocktail?

Heeft bier *(öl)* meer dan 3,5% alcohol *(starköl)*, wordt het alleen in de Systembolaget verkocht of in restaurants met speciale licentie of in bars en cafés met leeftijdsbegrenzing. Een *stor*

● ● ● ● ● ● ● ● ● ● ● ● ● ●

stark, een glas van 0,4 l (soms ook 0,5 l) bier, kost meestal tussen de SEK 40 en SEK 60. *Folköl* en *lättöl* met een lager alcoholgehalte (zie blz. 93) zijn goedkoper. Veel bars serveren ook alcoholvrije cocktails, maar natuurlijk is de forse belasting op sterke drank in de prijs terug te vinden: voor een cocktail betaalt u gemiddeld SEK 100-170.

Let op leeftijdsgrens

Overigens: Zweden hanteert leeftijdsgrenzen voor de toegang tot cafés en discotheken: meestal is een bezoek pas vanaf 18, 20, of zelfs vanaf 23 jaar toegestaan. Over de naleving van leeftijdsgrenzen (en de kledingvoorschriften) waken portiers *(dörrvakt).*

Kaartjes in de voorverkoop

Kaartjes voor opera, theater, ballet, slotconcert of jazzevenement zijn verkrijgbaar bij het Stockholm Tourist Centre (zie blz. 22), in het Kulturhuset of bij Biljett Direkt tel. 077 17 01 70 70, www.ticnet.se. Voor concerten in het Konserthuset is er het verkooppunt aan de Hötorget (hoek Sveavägen/Kungsgatan).

Evenementenagenda

Het Stockholm Tourist Centre geeft elke maand ('s zomers) dan wel elke twee maanden ('s winters) het gratis tijdschrift 'What's on in Stockholm' uit. Daarin vindt u in zowel het Zweeds als het Engels het actuele aanbod op het gebied van concerten (zowel klassiek als pop en rock), theater, opera, musicals, kunstexposities en sportwedstrijden. Verder is er de cultuurwebsite www.kulturdirekt.se – echter uitsluitend in het Zweeds.

Bars en cafés

Traditierijk etablissement – **Berns:** ▮ kaart 2, F 5, Berzelii Park (vlak bij Nybroplan), Norrmalm, tel. 08 56 63 22 20, www.berns.se, T-Kungsträdgården of T-Östermalmstorg, zo.-wo. 17/18-1, do.-za. 17/18-3 uur, entree SEK 150, leeftijdsgrens 20 jaar. Het traditierijke etablissement telt drie bars. Heel populair is de cocktailbar met fraai terras in het park. Ook een goed restaurant (kleine gerechten vanaf ca. SEK 150) en niet in de laatste plaats de chique nachtclub 2.35:1 (vanaf 23 uur).

Uniek uitzicht – **Gondolen:** ▮ kaart 2, F 7, Katarinahissen, Södermalm, tel. 08 641 70 90, www.eriks.se, T-Slussen, ma.-vr. 11.30-1, za. 16-1 uur. Van het fantastische uitzicht, ca. 35 m boven de stad, kunt u met een cocktail achter de panoramavensters of bij goed weer ook buiten genieten. De naamgever Erik is een bekende chef-kok, dus komen ook de fijnproevers aan hun trekken (menu ca. SEK 500, hoofdgerecht vanaf SEK 200).

Toeristisch – **Absolut Ice bar:** ▮ kaart 2, E 5, im Nordic Sea Hotel, Vasaplan, Norrmalm, www.nordicseahotel.se, T-Centralen, juni-midden sept. dag. vanaf 12.45 uur, midden sept.-mei vanaf 15/16.30 uur (reserveren tel. 08 50 56 31 24), drop-in do.-za. vanaf 21.45 uur. Het is er –5°C en meubilair en glazen zijn van puur ijs. De vraag van de barkeeper, 'met ijs?', is hier overbodig: er wordt niet niet on the rocks, maar in the rock geserveerd. Voor winterkleding is gezorgd, daarom zijn de dranken nogal prijzig: vanaf SEK 180 (van tevoren besteld) resp. SEK 195 (drop in-prijzen). Reserveren is raadzaam, want er mogen maar 30 personen in. Stockholmers komen hier meestal alleen maar terecht in gezelschap van

● ● ● ● ● ● ● ● ● ● ● ● ● ●

buitenlandse bezoekers. Niettemin een cool adres!

Paviljoen pal aan het water – Kungs-holmen:  C 6, Norr Mälarstrand, Kajplats 464, Kungsholmen, www.kungsholmen.com, T-Rådhuset, ma.-za. 17-1 uur. De Ponton-Bar heeft een eigen aanlegplaats (voor gasten, die hier per boot naartoe komen …) en de grote lounge ernaast (meer dan 200 plaatsen) open keukens die van alles serveren: van sushi (SEK 145-345) tot salade en van soep tot grillgerechten. Ook cocktails voor een chic publiek (SEK 112-135). Op mooie avonden is het hier erg druk.

Biercafé met traditie – Kvarnen: F 8, Tjärhovsgatan 4, tel. 08 643 03 80, www.kvarnen.com, T-Medborgarplatsen, ma.-vr. 11-3, za., zo. 12-3 uur, leeftijdsgrens zo.-do. 21, vr., za. 23 jaar. Restaurant en grote bierhal (ölhall) in de stijl van de 19e eeuw met stevige burgerkost (hoofdgerechten ca. SEK 120-240) en ontelbare biersoorten.

De nachtclub **Eld** ('vuur') ernaast biedt muziek van diverse dj's.

Ongedwongen – Marie Laveau: E 7, Hornsgatan 66, Södemalm, tel. 08 668 85 00, www.marielaveau.se, T-Mariatorget, do.-za. 17-3 uur, entree voor 23 uur vrij, anders SEK 100, bier SEK 60, leeftijdsgrens 20 jaar. Bar en club – het etablissement met retroflair staat bekend om zijn goede drankjes en gerenommeerde dj's, die het merendeels chique, maar hip geklede publiek op diverse dansvloeren op gang brengen. Ook restaurant met vis- en schaaldierrijke creoolse cajunkeuken (SEK 150-200) – tenslotte herinnert de naam Marie Laveau aan een voodoopriesteres uit het New Orleans van de vroege 19e eeuw

De hoogte in – Och himlen därtill: F 8, Skrapan, Götgatan 78 (Skrapan), Södermalm, www.restauranghimlen.se, T-Medborgarplatsen, ma.-do. 17-1, vr., za. 16-3 uur. Beneden is de winkelpassage Skrapan, in de voormalige

Café Opera – een moderne nachtclub in prachtige, eind 19e-eeuwse stijl

behuizing van de belastingdienst wonen studenten en helemaal boven op de 25e verdieping worden in de restaurantbar de cocktails 'met de hemel erbij' (och himlen därtill) geserveerd – een stukje Manhattan midden in Söder.

Prominenten – **Café Opera:** ▓ kaart 2, F 5, Karl XII's torg, Norrmalm, tel. 08 676 58 07, www.cafeopera.se, T-Kungsträdgården, bus 2, 4 en 65, wo.-zo. 22-3 uur, entree SEK 200, leeftijdsgrens 23 jaar, nette kleding gewenst. Leren sofa's, groene glazen lampen, bar van donker hout: een typische bar uit het eind van de 19e eeuw, bovendien (prominenten)nachtclub met discotheek. Tevens restaurant Operakällaren (zie blz. 95).

Trefpunt van de jetset – **Spy Bar:** ▓ F 4, Birger Jarlsgatan 20 (Stureplan), Östermalm, www.thespybar.com, T-Östermalmstorg, bus 2 tot Stureplan, wo.-za. 22-5 uur, wo., do. voor 24 uur gratis toegang, anders SEK 90, vanaf 2 uur SEK 120-160, leeftijdsgrens 23 jaar, nette kleding vereist. De nachtclub in het chique Östermalm is landelijk bekend als trefpunt van grote en kleine sterren. Op zwoele zomeravonden wordt vaak verder gefeest in de nabijgelegen Humlegården.

Populair en chic – **Sturecompagniet:** ▓ F 4, Sturegatan 4, Östermalm, T-Östermalmstorg, bus 2 tot Stureplan, tel. 08 440 57 30, www.sturecompagniet.se, do.-za. 22-3 uur, leeftijdsgrens 23 jaar, nette kleding vereist. Rondom de binnenplaats in het midden van het statige oude gebouw bruist op twee verdiepingen in vier ruimtes met verschillende soorten muziek het plaatselijke nachtleven. De bars gelden als ontmoetingsplaats van de rijken en schonen, de partyjetset.

Klassieker – **Tranans Bar:** ▓ D 3, Karlbergsvägen 14 (aan Odenplan), Vasastaden, www.tranan.se, T-Odenplan, ma.-za. 17-1, zo. 17-23 uur. De kelderbar van het restaurant (degelijke burgerkost, zie blz. 99) is in trek bij jongeren – een klassieker.

Rusrige hotelbar – **Upstairs Bar:** ▓ buiten F 8, Clarion Hotel, Ringvägen 98, Södermalm, www.clarionstockholm.com, T-Skanstull, do. 17-1, vr., za. 17-3 uur. Een soms heel rustige hotelbar, de ideale plek voor vermoeide toeristen om te ontspannen en uit te rusten.

Clubs en livemuziek

Rock en meer – **Debaser:** ▓ kaart 2, F 7, en **Debaser Medis:** ▓ F 8, Karl Johans Torg 1 (tussen Slussen en Gamla stan) resp. Medborgarplatsen, www.debaser.nu, T-Slussen of T-Medborgarplatsen, 19-3 uur, voor 22 uur toegang vrij, anders SEK 100, leeftijdsgrens afhankelijk van programma 18/20 jaar. Rock, pop: alles door elkaar heen. 's Zomers ook buiten, waar muziek wordt gedraaid of bands komen optreden op het openluchtpodium. Het zwaartepunt van het aanbod ligt bij de rockmuziek – de populairste club van de stad. Filiaal aan het Medborgarplatsen (zie ook blz. 66).

Legendarisch rockpodium – **Engelen/ Kolingen:** ▓ F 6, Kornhamnstorg 59b, Gamla stan, tel. 08 50 55 60 90, www.engelen.se, T-Gamla stan, dag. vanaf 16 uur, nachtclub Kolingen di.-za. 20-3 uur, leeftijdsgrens 23 jaar. In 1969 opende deze legendarische zaak zijn deuren in de voormalige apotheek 'Bij de engel', in een huis met middeleeuws gewelf. Tegenwoordig speelt elke avond vanaf 20 uur de huisband covers van populaire pop- en rocknummers. In het weekeinde wordt het hier heel druk. Het restaurant serveert gerechten van de houtskoolgrill (hoofdgerechten SEK 150-250).

Legendarische jazzclub – Fasching: ▪ E 5, Kungsgatan 63, Norrmalm, tel. 08 53 48 29 60, www.fasching.se, T-Hötorget of T-Centralen, zo.–do. 19-24, vr., za. 19-4 uur, aanvang concerten 20 of 20.30 uur, leeftijdsgrens 18 jaar, vanaf 0 uur 20 jaar. Legendarische jazzclub met elke dag liveconcerten. Alle soorten jazz worden gespeeld door grote sterren; zowel Scandinavische als internationale jazzmusici hebben hier hun doorbraak beleefd. Met restaurant (SEK 155-225). In de **Club Soul** (www.clubsoul.net, za. 24-4 uur) dansen soulliefhebbers op de klassiekers uit de jaren zestig en zeventig van de vorige eeuw.

Salsa en meer – La Isla: ▪ C 4, Sankt Eriksgatan 51 (ingang Västermalmsgallerian), Kungsholmen, www.isla.se, T-Fridhemsplan, wo. 19-1, vr. 19-3, za. 20-3 uur. Trefpunt van plaatselijke latino's en belangrijkste adres voor alle salsaliefhebbers. Er worden ook danscursussen gegeven.

Romantisch – Mosebacke Etablissement (Södra Teatern): ▪ F 7, Mosebacke torg, Södermalm, tel. 08 55 60 98 90, www.mosebacke.se, T-Slussen, uitgang Hökens gata, ma.-do. 17-1, vr. 17-2, za. 12-2, zo. 12-1 uur. Dit danspaleis dateert van 1896, maar is nog helemaal bij de tijd. Ook clubs en dj's weten de weg naar Mosebacke torg te vinden, maar de specialiteiten blijven toch de tango, wals en foxtrott. Het mooist is als er buiten wordt gedanst, met uitzicht op Stockholm. Za., zo. jazzbrunch.

Traditioneel – Nalen: ▪ F 4, Regeringsgatan 74, Norrmalm, tel. 08 453 34 01, www.nalen.com, T-Hötorget, ma.-vr. 11.30-24, za. 17-1 uur, wo.-za. livejazz, leeftijdsgrens 18 jaar, onder begeleiding van volwassenen vanaf 13 jaar. Traditierijk danslokaal uit de jaren dertig van de vorige eeuw, dat in 1998

Bioscopen

In Zweden worden maar heel weinig buitenlandse films nagesynchroniseerd. Niet alleen op televisie, ook in de bioscoop (bio) krijgt u films dus in de originele versie met Zeedse ondertitiels te zien. Bestellen van kaartjes, programma's en adressen van de bij de grootste bond SF aangesloten bioscopen: www.sf.se.

Cino4: ▪ K 5, in het Tekniska Museet (zie blz. 81), tel. 08 450 56 00, www. tekniskamuseet.se/cino4, bus 69, voorstellingen tijdens de openingstijden van het museum ma., di., do., vr. 10-17, wo. 10-20, za., zo. 11-17 uur. De 4D-bioscoop is ongeschikt voor kinderen onder de vijf jaar.

Rio: ▪ C 8, www.biorio.se, links-alternatief gerichte films over feminisme en andere politieke onderwerpen.

Cosmonova: ▪ buiten E1, in het Naturhistoriska Riksmuseet (zie blz. 79), www.nrm. se/cosmonova, di.-zo. 10-20 uur. De enige IMAX-bioscoop van Zweden vertoont natuurfilms (aanbevolen voor kinderen vanaf vijf jaar).

Zita: ▪ F 4, Birger Jarlsgatan 37, Östermalm, tel. 08 23 20 20, T-Östermalmstorg, met een inrichting uit het jaar 1913 – de films beginnen stipt op tijd en er wordt geen reclame vertoond.

De duurste bars van Stockholm vindt u rondom Stureplan

in oorspronkelijke stijl werd heropend, met restaurant, bar en een concertprogramma voor een breed publiek: pop, rock en folk.

Dagelijks live acts – **Stampen:** kaart 2, F 6, Stora Nygatan 5, Gamla stan, tel. 08 20 57 93, www.stampen. se, T-Gamla stan, ma.-do. 17-20 (after work), concerten vanaf 20 uur, vr., za. 20-2 uur, za. 14-18 uur Blues Jam. De oudste jazzclub van Stockholm, in 1968 geopend in een voormalig pandjeshuis (waarvan nog een deel van de inrichting getuigt), biedt dagelijks optredens van jazz- en bluesmuzikanten, met restaurant, twee bars en twee podia.

Homo en lesbisch

Informatie en adressen vindt u op www.stockholmtown.com en op www. qx.se/gaymap (ook in het Engels). Het adviesbureau **RFSL**, Sveavägen 59, Norrmalm, tel. 08 50 16 29 00, www.rfsl. se, T-Rådmansgatan, ma.-vr. 10/10.30-12 en 13-15 uur, staat voor Riksförbundet för sexuellt likaberättigadet (nationale bond voor seksuele emancipatie) en geeft tips aan homo's en lesbiennes, bi- en transseksuelen; de evenementeninfo is ook interessant voor toeristen.

Dansen op een schip – **Patricia Gaykväll:** ▉ F 7, Stadsgårdskajen 152, Södermalm, www.patricia.se, T-Slussen, zo. 18-3 uur. Op het schip 'Patricia' is er een keer per week 's avonds party en disco. Voor de hongerige magen zijn er betaalbare gerechtjes zoals lasagne voor SEK 199 of kreeft vanaf SEK 269.

Toprestaurant – **Roxy:** ▉ G 8, zie blz. 65, Nytorget 6, Södermalm, www. roxysofo.se, T-Medborgarplatsen, di.-do. 17-24, vr., za. 17-1, zo. 17-23 uur. Deze door een viertal vrouwen gerunde barlounge annex restaurant met Spaans getinte keuken (ca. SEK 200-300) ademt een nostalgische sfeer.

Restaurant en homotrefpunt – **Side Track:** ▉ D 8, Wollmar Yxkullsgatan 7, Södermalm, www.sidetrack.nu, T-Mariatorget, uitgang Mariatorget, sept.-apr. di. 18-24, wo.-za. 18-1, mei-aug. wo.-za. 20-1 uur. Klassieke gaybar en goed restaurant (burger vanaf ca. SEK 145, lamskotelletjes SEK 185).

Restaurant en bar – **Torget:** ▉ kaart 2, F 6, Mälartorget 13, Gamla stan, www. torgetbaren.com, T-Gamla stan, ma.-vr. 16-1, za., zo. 13-1 uur. Populaire homobar en restaurant (moules frites SEK 155). Er is weliswaar geen dansvloer, maar soms zijn er concerten.

Klassiek

Moderne concertzaal – **Berwaldhallen:** ▉ H 5, Dag Hammarskjölds väg 3, Gärdet, tel. 08 784 18 00, www. sr.se/berwaldhallen, bus 69. Deze moderne concertzaal is de thuishaven van het Zweedse radiosymfonieorkest. Dit speelt klassieke muziek, maar soms ook van hedendaagse componisten.

Gevarieerd muziekprogramma – **Konserthuset:** ▉ E 4, Hötorget 8, Norrmalm, tel. 08 50 66 77 88, www.konserthuset.se, T-Hötorget, bus 1, 59 tot Hötorget. In het gebouw van het koninklijk filharmonisch orkest wordt in hoofdzaak klassieke muziek gespeeld, maar soms zijn er ook piano-of jazzconcerten en voordelige middagconcerten (12.15 uur). Het in 1926 door architect Ivar Tengbom ontworpen gebouw met het klassieke zuilenfront is bovendien elk jaar het toneel van de Nobelprijsuitreiking (zie ook blz. 39).

Klassieke concerten – **Nybrokajen 11:** ▉ kaart 2, F 5, Nybroplan, Östermalm, tel. 08 407 17 00, www.nybrokajen11. rikskonserter.se, T-Kungsträdgården. In de oudste concertzaal van Zweden (gebouwd tussen 1874 en 1878), in het vroegere pand van de muziekacademie (Musikaliska Akademien),worden klassieke concerten gegeven. De kleinere tweede zaal ernaast, Stallet, is een

Parkteatern is een gratis zomerevenement. Op openluchtpodia in de parken van de stad zijn er van juni tot augustus (kinder)theater- en dansvoorstellingen (programma bij het Stockholm Tourist Centre, in het Kulturhuset of onder www. stadsteatern.stockholm.se).

Theater, opera, moderne dans en ballet

Het eerste theater van het land is **Kungliga Dramatiska Teater** (Dramaten, ▨ F 5, Nybroplan, ticket-tel. 08 667 06 80, www.dramaten.se, T-Östermalmstorg, uitgang Birger Jarlsgatan, bus 69, 76 naar Nybroplan). Aan dit theater in het sierlijke jugendstilgebouw was ooit Ingmar Bergman verbonden. Er worden vooral klassiekers (Shakespeare!),maar ook modern drama uitgevoerd. Diversiteit beleeft u in het **Stadsteatern** (▨ E 5, Kulturhuset, Sergels torg, Norrmalm, tel. 08 50 62 02 00, www.stadsteatern.stockholm.se, T-Centralen, uitgang Sergels torg): serieuze, experimentele en originele uitvoeringen uit alle genres. Ballet en opera in een elegante entourage biedt de **Kungliga Operan** (▨ F 5, Jakobs torg 2, tel. 08 24 82 40, www.operan.se, T-Kungsträdgården, bus 2, 43, 65 naar Karl XII's torg). Dit theater heeft internationaal een grote reputatie. Hier vinden talloze klassieke ballet- en operavoorstellingen plaats, van 'Het Zwanenmeer' tot 'La Bohème'. Een paradijsje voor operaliefhebbers is het historische podium van het **Drottningholms slottsteater** (zie blz. 71). Het oudste theater van Zweden in het idyllische groen van Ulriksdals slotpark is evenwel **Confidencen** (▨ buiten C 1, www. confidencen.se, T-Bergshamra of *pendeltåg* naar Ulriksdals station, dan bus 503). Dit in 1753 in rococostijl opgetrokken slottheater biedt van mei tot midden september vooral oude muziek, opera en ballet. Internationaal bekende ensembles op het gebied van klassiek ballet en ook van Modern Dance en dansteater hebben in Stockholm hun thuisbasis. De voornaamste podia zijn **Dansens Hus** (▨ E 4, in het Folkets Hus, Barnhusgatan 12-14/Norra Bantorget, ticket-tel. 08 50 89 90 90, www. dansenshus.se, T-Hötorget of T-Centralen, bus 53, 65 naar Norra Bantorget), **Moderna Dansteatern** (▨ G 6, Skeppsholmen, www.modernadansteatern.se) en het naburige **Teater Galeasen** (▨ G 6, Skeppsholmen, www.galeasen.se).

podium voor wereldmuziek, bijvoorbeeld balalaikamuziek (inlichtingen: www.stallet.se).

Musical en revue

Rock- en popsterren – **Cirkus:** ▨ H 6, Djurgårdsslätten, Djurgården, bus 44 tot Hazeliusporten, tram. Podium voor shows, optredens van sterren uit de popmuziek, en musicals zoals de ABBA-show 'Mamma Mia'.

Opera met spaghetti – **Regina – Stockholms Operamathus:** ▨ E 4, Drottninggatan 71A, Norrmalm, tel. 08 411 63 20, www.regina-operama thus.com, T-Hötorget. Bij operaklanken wordt een passend driegangendiner geboden. Ook lunchconcerten met soepen of Italiaans buffet.

Kellner of artiest? – **Wallmans salonger:** ▨ kaart 2, F 5, Teatergatan 3, Blasieholmen, tel. 08 50 55 60 70, www. wallmans.com, T-Kungsträdgården. Het unieke concept in de 'showkrog' met veel glamour en glitter – een kruising tussen showtheater en restaurant – is inmiddels naar Oslo en Kopenhagen overgewaaid. De artiesten bedienen de klanten! All-intoegangskaartje vanaf SEK 550 afhankelijk van de plaats, inclusief driegangenmaaltijd en koffie.

Toeristische woordenlijst

Uitspraak

a	als lange klinker bijna als o, kort zoals in het Nederlands
o	als lange klinker als oe, bijv. stor *(stoer)* – groot, of bord *(boed)* – tafel
u	als lange klinker als u, bijv. ursäkta *(usjekta)*– pardon
å	als lange o: ål *(ool)* – aal
dj, hj en **lj**	als j, bijv. Djurgården *(juurgodn)*
rs	als sj
sk en **k**	voor è, eu, e, i als sj, bijv. köpa *(sjeupa)* – kopen
kj, sj, stj en **tj**	als sj, bijv. sjö *(sjeu)* – meer, tjugo *(sjugo)* –twintig
g	als j voor è, eu, e, i en na l en r aan het einde van een lettergreep, bijv. berg *(berj)* – berg
y	als u

Algemeen

hallo	hej, hejsan
goedendag	god dag
goedenavond	god kväll, god afton
goedenacht	god natt
tot ziens	hej då
ja/nee	ja/nej
alstublieft	varsågod
dank u wel	tack
hartelijk dank	Tack så mycket
Hoe heet u?	Vad heter du?
Ik heet …	Jag heter …

Onderweg

halte	hållplats
bus	buss
auto	bil
afrit	utfart
rechts	till höger
links	till vänster
rechtdoor	rakt fram
(mobiele) telefoon	(mobil)telefon
vervoerbewijs	biljett
station	station
luchthaven	flygplats
fiets	cykel
tram	spårväg
metro	tunnelbana
veerboot	färja
ingang	ingång
uitgang	utgång
geopend	öppet
gesloten	stängd/stängt
strand	strand

Tijd

uur	timme
dag	dag
week	vecka
maand	månad
jaar	år
vandaag	idag
morgen	imorgon
gisteren	igår
maandag	måndag
dinsdag	tisdag
woensdag	onsdag
donderdag	torsdag
vrijdag	fredag
zaterdag	lördag
zondag	söndag

Winkelen

winkelcentrum	köpcenter
winkel	affär, butik
markt	marknad
geld	pengar
creditcard	kreditkort

Eten en drinken

tafel	bord
reserveren	boka
mes	kniv
vork	gaffel
lepel	sked
fles	flaska
glas	glas

kopje	kopp	bagage	bagage
vegetarisch	vegetarisk	rekening	kvitto, notan

Overnachten

		Noodgevallen	
pension	pensionat	help!	hjälp
hotel	hotell	politie	polis
kamer	rum	dokter	läkare
eenpersoonskamer	enkelrum	tandarts	tandläkare, tandvård
tweepersoonskamer	dubbelrum	apotheek	apotek
beddengoed	sänglinne	ziekenhuis	sjukhus
toilet	toalett	ambulance	ambulans
douche	dusch	ongeval	olycka

Getallen

1	en, ett	10	tio	19	nitton	90	nittio
2	två	11	elva	20	tjugo	100	ett hundra
3	tre	12	tolv	25	tjugofem	150	etthundra och
4	fyra	13	tretton	30	trettio		femtio
5	fem	14	fjorton	40	fyrtio	1000	tusen
6	sex	15	femton	50	femtio		
7	sju	16	sexton	60	sextio		
8	åtta	17	sjutton	70	sjuttio		
9	nio	18	arton	80	åttio		

Belangrijke zinnen

Algemeen
Neem me niet kwalijk!   Förlåt, ursäkta
Ik begrijp het niet.   Jag förstår inte.
Ik spreek geen Zweeds.   Jag pratar inte svenska.
Spreekt u Duits/Engels?   Pratar du tyska/engelska?

In een café/restaurant
Is deze plaats vrij?   Är det ledigt?
Eet smakelijk!/proost!   Smaklig måltid / skål
De menukaart, alstublieft!   Menyn, tack.
Ik wil graag …   Jag vill gärna …
Hoeveel kost …   Vad kostar …?
De rekening, alstublieft!   Notan, tack
Waar zijn de toiletten?   Var finns toaletterna?

Op straat
Ik wil naar …   Jag ska till …
War kan ik … kopen?   Var kan jag … köpa?
Waar is hier een apotheek?   Finns det ett apotek här någonstans?
Welke bus gaat naar …?   Vilken buss går till …?

In een hotel
Heeft u een kamer vrij?   Har du ett rum ledigt?
Ik heb een kamer gereserveerd.   Jag har bokat ett rum.
Hoeveel kost de kamer per dag/week?   Vad kostar rummet per dygn/per vecka?

Culinaire woordenlijst

Algemeen

eet smakelijk!	Smaklig måltid!
proost!	Skål!
de rekening, graag	Notan, tack
ontbijt	frukost
lunch	lunch
avondeten	middag
snackbar	gatukök
restaurant	restaurang
menu	meny / matsedel
voorgerechten	förrätter
hoofdgerechten	huvudrätter
nagerechten	efterrätter
soep	soppa

Bereiding

gryta	stamppot
halstrad	gegrild
rökt	gerookt
söt	zoet
stekt	gebraden

Kruiden en bijvoegsels

ättika	azijn
ingefära	gember
kryddor	kruiden
olja	olie
peppar	peper
pepparrot	mierikswortel
persilja	peterselie
salt	zout
senap	mosterd
smör	boter
socker	suiker
vitlök	knoflook

Brood en banket

bröd	brood
fralla	broodjes
kanelbulle	kaneelgebak
knäckbröd	knäckebrot
macka	belegde broodjes
munkar	ringvormig gebak
råg	rogge
småfranska	broodjes
smörgås	boterham
surdeg	zuurdesem
tunnbröd	dunne boterham

wienerbröd	bladerdeeggebak
vete	tarwe

Eier-, melk- en meelspijzen

ägg	ei
filmjölk	dikke zure melk
glass	ijs
grädde	room
ost	kaas
pannkakor	pannenkoek
vispgrädde	slagroom

Vis en zeebanket

ål	paling
fisk	vis
gös	snoekbaars
gädda	snoek
hälleflundra	heilbot
kräftor	rivierkreeften
lax	zalm
löjrom	marenekaviaar
musslor	mosselen
öring	(zee-)forel
ostron	oester
räkor	garnalen
röding	riddervis
rödspätta	schol
rom	viseieren, kaviaar
sill	haring
skaldjur	schelpdieren
strömming	oostzeeharing
sik	marene
torsk	kabeljauw

Vlees

älg	eland
anka	eend
gås	gans
fläsk	varkensvlees
kalkon	kalkoen
kalops	goulash
kött	vlees
köttfärs	gehakt
korv	worst
kyckling	kip
lamm	lamsvlees
nötkött	rundvlees
oxfilé	runderfilet

pannbiff	Duitse biefstuk	plommon	pruim
renkött	rendiervlees	potatis	aardappelen
skinka	ham	purjolök	prei
		rödbetor	bietjes
Groente, fruit, zoetigheden		sallad	salade
äpple	appels	sparris	asperges
ärter	erwten	svamp	paddenstoel
blåbär	blauwe bosbessen	sylt	jam
böner	bonen	vindruvor	druiven
fänkål	venkel		
fläderbär	vlierbes	**Dranken**	
frukt	fruit	choklad	chocolade
grönsaker	groenten	glögg	warme wijn
gurka	komkommer	kaffe	koffie
hallon	frambozen	läsk	softdrink
hjortron	bramen	mineralvatten	mineraalwater
jordgubbar	aardbeien	mjölk	melk
kantareller	cantharellen	öl	bier
körsbär	kersen	rödvin	rode wijn
lingon	bosbessen	snaps	gedistilleerd
lök	ui	te	thee (meestal Earl
morötter	wortelen		Grey)
mos	(aardappel-)puree	vatten	(leiding)water
päron	peer	vitvin	witte wijn

In het restaurant

ärtsoppa   de dikke Zweedse erwtensoep, getrokken van gele erwten, wordt traditioneel op donderdag gegeten

biff Rydberg   in reepjes gesneden rundvlees, kort gebakken en geserveerd met gebakken aardappelen, uien en een rauwe eierdooier

biff Lindström   rundvleesfrikadellen, waarin ook rode biet en ui wordt verwerkt

dillkött   kalfsvlees in een heldere zoetzure dillesaus

gravad lax   koud gegaarde plakjes gerookte zalm, het lekkerst met een zoetige mosterddillesaus *(hovmästarsås)*

Janssons frestelse   ovenschotel met aardappelen, uienringen en gepekelde haring

köttbullar   gehaktballetjes van runder- of varkensgehakt, meestal geserveerd met aardappelen, compote van bosbessen en een bruine saus

lövbiff   in dunne plakjes gesneden mager rundvlees, dat heel kort gebakken wordt

planka   op een houten plankje geserveerd gerecht, meestal biefstuk of vis met aardappelpuree

pytt i panna   het klassieke kliekje: in de pan gesmoorde blokjes vleesworst of gekookt vlees, gestoofd met aardappelen, uien, rode bietjes en augurkjes, en afgemaakt met een spiegelei erop

räksallad   mayonaise gemengd met heel klein gesneden stukjes garnalen, champignons en asperges

strömmingsflundror   gepaneerde en gebakken oostzee-haringfilet *(strömmingen)*, gevuld met dille en kaviaar

wallenbergare   frikadellen van kalfsgehakt, room en eierdooier

Register

Register

Fotoverantwoording

Omslag: uitzicht vanaf de toren van het Stadshuset op Gamla Stan (M. Galli/laif, Köln)

DuMont Bildarchiv, Ostfildern: blz. 9, 11, 32, 40, 56, 70, 74, 78, 82, 83, 84, 92, 95, 111 (Riehle)
Petra Juling, Lissendorf: blz. 16, 36, 54, 61, 77, 86, 100, 103
laif, Köln: blz. 50 (hemis), 65 (Kristensen), 52 (Philippe/ hemis.fr), 28, 30, 38, 49, 72, 106, 108 (Sasse), 6 (Teichmann)
Look, München: blz. 44 (NordicPhotos), 67, 98 (age/fotostock)
Millesgården, Stockholm: blz. 68
picture-alliance, Frankfurt: blz. 58 (APA Publications/Lindblad Jr.)
Wolfram Schwieder, Ostfildern: blz. 12, 88, 91
Stockholm Visitors Board, Stockholm: blz. 64 (Sjöberg), 62 (Wikström)

Notities

Notities

Notities

Notities

Hulp gevraagd!
De informatie in deze reisgids is aan verandering onderhevig. Het kan dus wel
eens gebeuren dat u ter plaatse een andere situatie aantreft dan de auteur.
Is de tekst niet meer helemaal correct, laat ons dat dan even weten.

Ons adres is:
ANWB Media
Uitgeverij reisboeken
Postbus 93200
2509 BA Den Haag
anwbmedia@anwb.nl

Productie: ANWB Media
Uitgever: Marlies Ellenbroek
Coördinatie: Els Andriesse
Tekst: Petra Juling
Vertaling, redactie en opmaak: Dick van Ouwerkerk, Amsterdam
Eindredactie: Marloes Kleijn, Amsterdam
Stramien: Jan Brand, Diemen
Concept: DuMont Reiseverlag, Ostfildern
Grafisch concept: Groschwitz/Blachnierek, Hamburg
Cartografie: DuMont Reisekartografie, Fürstenfeldbruck
© 2011 DuMont Reiseverlag, Ostfildern

© 2011 ANWB bv, Den Haag
Eerste druk
Gedrukt in Italië
ISBN: 978-90-18-031596

Paklijst

Steuntje in de rug nodig bij het inpakken?
Door op de ANWB Extra Paklijst aan te vinken wat u mee wilt nemen,
gaat u goed voorbereid op reis.
Wij wensen u een prettige vakantie.

Documenten
- ☐ Paspoorten/identiteitsbewijs
- ☐ (Internationaal) rijbewijs
- ☐ ANWB lidmaatschapskaart
- ☐ Visum
- ☐ Vliegticket/instapkaart
- ☐ Kentekenbewijs auto/caravan
- ☐ Wegenwacht Europa Service
- ☐ Reserveringsbewijs
- ☐ Inentingsbewijs

Verzekeringen
- ☐ Reis- en/of annulerings-
  verzekeringspapieren
- ☐ Pas zorgverzekeraar
- ☐ Groene kaart auto/caravan
- ☐ Aanrijdingsformulier

Geld
- ☐ Bankpas
- ☐ Creditcard
- ☐ Pincodes
- ☐ Contant geld

Medisch
- ☐ Medicijnen + bijsluiters
- ☐ Medische kaart
- ☐ Verbanddoos
- ☐ Reserve bril/lenzen
- ☐ Norit
- ☐ Anticonceptie
- ☐ Reisziektetabletjes
- ☐ Anti-insectenmiddel

Persoonlijke verzorging
- ☐ Toiletgerei
- ☐ Nagelschaar
- ☐ Maandverband/tampons
- ☐ Scheergerei
- ☐ Föhn
- ☐ Handdoeken
- ☐ Zonnebrand

Persoonlijke uitrusting
- ☐ Zonnebril
- ☐ Paraplu
- ☐ Boeken/tijdschriften
- ☐ Spelletjes
- ☐ Mobiele telefoon
- ☐ Foto-/videocamera
- ☐ Dvd- en/of muziekspeler
- ☐ Koptelefoon
- ☐ Oplader elektrische apparaten
- ☐ Wereldstekker
- ☐ Reiswekker
- ☐ Batterijen

Kleding/schoeisel
- ☐ Zwemkleding
- ☐ Onderkleding
- ☐ Nachtkleding
- ☐ Sokken
- ☐ Regenkleding
- ☐ Jas
- ☐ Pet
- ☐ Schoenen
- ☐ Slippers

Onderweg
- ☐ Routekaart
- ☐ Navigatiesysteem
- ☐ Reisgids
- ☐ Taalgids
- ☐ Zakdoeken
- ☐ ANWB veiligheidspakket
- ☐ Schrijfgerei